科学的印迹：手稿

家国情怀

朱文瑜　韩颖　编著

My thesis at Hujiang University
Apparatus for testing the performance of glass
helices as packing material for fractional distillation

中国科学技术出版社
·北　京·

图书在版编目（CIP）数据

科学的印迹．手稿／朱文瑜，韩颖编著．—北京：
中国科学技术出版社，2022.7（2024.7 重印）
（家国情怀）
ISBN 978-7-5046-9414-0

Ⅰ. ①科… Ⅱ. ①朱… ②韩… Ⅲ. ①科学家－手稿－中国－现代－青少年读物 Ⅳ. ① K826.1-49

中国版本图书馆 CIP 数据核字（2022）第 002419 号

责任编辑	彭慧元
装帧设计	中文天地
责任校对	张晓莉
责任印制	徐　飞

出　　版	中国科学技术出版社
发　　行	中国科学技术出版社有限公司
地　　址	北京市海淀区中关村南大街 16 号
邮　　编	100081
发行电话	010-62173865
传　　真	010-62173081
网　　址	http://www.cspbooks.com.cn

开　　本	710mm × 1000mm　1/16
字　　数	176 千字
印　　张	10.25
版　　次	2022 年 7 月第 1 版
印　　次	2024 年 7 月第 2 次印刷
印　　刷	德富泰（唐山）印务有限公司
书　　号	ISBN 978-7-5046-9414-0 / K·319
定　　价	49.00 元

编辑委员会

主　编　郭　哲　秦德继　申金升

副主编　孟令耘　吕建华　许　慧　杨志宏

编　委（按姓氏拼音排序）

韩　颖　黎华君　刘赫铮　吕瑞花

彭慧元　石　磊　王茜雅　叶　青

于建慧　张聪聪　甄　橙　朱文瑜

前言

2010年5月，“老科学家学术成长资料采集工程”（简称“采集工程”）正式启动。这项工作致力于搜集、整理、保存、研究中国科学家的学术成长资料，以此记录和展示中国科学家个人科研生涯与中国现代科技发展历程。老科学家是中国科技事业的宝贵财富。新中国从一个贫穷落后的农业国，成长为一个日益繁荣富强的科技大国，在这一过程中，无数科技工作者献出了辛勤的工作。作为这一过程的见证者和参与者，老科学家留下了丰富的资料，包括手稿、档案、书信、照片等。这些资料记录着他们科研道路上的点点滴滴。他们的辛苦、决心、毅力，他们为国为民的气魄和勇气，是中华民族的宝贵财富。

“十四五”规划关于完善科技创新体制机制中明确“要弘扬科学精神和工匠精神，加强科普工作，营造崇尚创新的社会氛围”。科学家的日记、书信和手稿是个人的书写记录，一笔一画、一字一句、一行一页，笔落之处皆一丝不苟，记下的是科研过程、交流体会、思想历程，体现的是科学家本人一丝不苟的学风、敢于攀登的勇气、携手前进的胸怀。这些珍贵的手稿中流淌着鲜活的历史气息、洋溢着浓郁的科学芬芳、蕴含着深厚的家国情怀，见证了中国科学领域的发展，也见证了科学家认真严谨的工作精神。科学精神和科学发展轨迹，从科学家的日记、书信和手稿这些真实记录中凸显出来，尤其是那些在尚未普及个人计算机的年代留下的笔迹，更是弥足珍贵。

期望读者和我们一起通过阅读科学家的书信、日记和手稿资料，了解和走近科学大师，领略科学家昂扬的风采，宽广的胸怀。开卷让人受教良多、掩卷令人景仰有加。

目录

半导体电子学家——王守觉

王守觉（1925 年 6 月—2016 年 6 月），生于上海，原籍江苏苏州。1949 年毕业于上海同济大学。中国科学院半导体研究所研究员。1980 年当选中国科学院学部委员（院士）。1958 年在国内首次研制成功锗合金扩散高频晶体管，并在 109 工厂进行小批量生产，应用于我国研制的晶体管化高速计算机。1959—1963 年负责研究成功全部硅平面工艺技术，并研制成功五种硅平面型晶体管。1974 年成功地用自制的图形发生器自动制版技术制成了大规模集成电路掩膜版。1976 年起从事新电路的探讨，提出了一种新的多值与连续逻辑高速电路——多元逻辑电路，并试用于整机。1979 年后主要从事多值与连续逻辑电路系统的研究及使之应用于生产实际中。

科学探索就是追求真理，与世俗名利观是相悖的。古代科学家哥白尼、伽利略、玻尔兹曼等都曾经历受人谴责的不公正待遇。不计个人得失、坚持追求真理是科学家必备素质。

——王守觉

1. 实现大规模集成电路计算机辅助自动制版

20 世纪 60 年代末，国外已经能够批量生产大规模**集成电路**，集成度较高、具有不同独创性结构的新电路不断出现，而我国这方面的研究才刚刚起步，造成这个差距的主要原因是基础研究工作薄弱、工艺装备落后。1971 年，中国科学院半导体所开始设立“**大规模集成电路自动制版技术**”课题。作为课题组负责人，王守觉率领全组人员全力投入计算机硬件和自动制版软件的研制工作，开始了大规模集成电路自动制版技术的攻坚。研制成果于 1973 年投入使用，解决了实际制版工艺问题。

集成电路是根植于基础理论、基础工艺，尤其是半导体器件物理、材料物理、工艺物理等方面的研究。20 世纪 70 年代开始，集成电路在**集成度**、光刻分辨率、最小**特征尺寸**、微细图形加工技术几个方面有了进一步的发展。当时国内大规模集成电路的**掩膜版**制作采用手工刻图方式，远不能满足大规模集成电路复杂的图案要求。因此，自动制版技术是半导体所研究大规模集成电路制作中最重要的、最亟须解决的技术问题。采用何种自动制版方式是王守觉首先面临的问题。王守觉在大量比较研究后发现，用**图形发生器**产生**中间掩膜**的方式可避免人工揭膜的操作，中间掩膜的规模也不受限制，而且设备较电子束与激光扫描制版简单。虽然速度不如激光扫描制版及电子束制版，但是能满足实际使用需要。经过讨论，王守觉与课题组同志选择了用图形发生器产生中间掩膜的自动制版方式。

▷ **集成电路**是一种微型电子器件或部件。采用一定的工艺，把一个电路中所需的晶体管、电阻、电容和电感等元件及布线互连，制作在一小块或几小块半导体晶片或介质基片上，然后封装在一个管壳内，成为具有所需电路功能的微型结构。由于其中所有元件在结构上已组成一个整体，使电子元件向着微小型化、低功耗、智能化和高可靠性方面迈进了一大步。**大规模集成电路**通常指含元件数 1000—99999 个，在一个芯片上集合有 1000 个以上电子元件的集成电路。

▷ **自动制版技术**是指从草图上取出一些坐标数据，输入电子计算机，经计算机处理打印出制版控制纸带，再用此纸带通过图形发生器自动制出复杂的掩膜版。

▷ **集成度**是指图形中最小线条宽度，集成电路的集成度是指单块芯片上所容纳的元件数目。集成度越高，所容纳的元件数目越多。

▷ **特征尺寸**是指在集成电路领域，半导体器件中的最小尺寸。在 CMOS 工艺中，特征尺寸典型代表为“栅”的宽度，即 MOS 器件的沟道长度。一般来说，特征尺寸越小，芯片的集成度越高、性能越好、功耗越低。

王守觉在研制过程中发现测量仪器和设备不相适应的情况。他带领课题组同志试制高水平的仪器设备，以推动科研工作。根据全国大规模集成电路会战的要求，配合大、中规模集成电路的研制，课题组承担了数字集成电路的动态参数测量系统和半导体存储器测试仪两项设备的研制任务，并在北京无线电仪器厂等单位协作下投产，填补了当时集成电路测试设备的空白，为大、中、小规模集成电路研制和生产提供了手段，为赶超国际先进水平打下了基础。

王守觉在发展大规模集成电路自动制版技术中，还自行研制配套了计算机的硬件和软件，最后完成的自动制版技术制出的掩膜版精度高，尺寸和复杂程度不再受刻图方式的限制。在他的领导下，1974 年我国首次成功应用计算机辅助自动制版技术制成了大规模集成电路掩膜版。这为基于计算机与图形发生器的自动制版法代替传统的刻图照相制版方式开辟了道路，使大规模集成电路的复杂性不再受制于刻图尺寸与精度。

之后，课题组为清华大学制作了国内第一套自动制版的大规模集成电路版，并以此做出了电路。此外，还为天津、上海等地制作了大规模集成电路掩膜版。这些对我国大规模集成电路自动制版技术的发展与普及起到了巨大的推动作用。王守觉课题组的“大规模集成电路自动制版技术”获得 1978 年**科学大会奖**。

◁**掩膜版**是制作掩膜图形的理想感光性空白板，通过曝光，这些图形的信息将被传递到芯片上，用来制造芯片。掩膜版应用十分广泛，在涉及光刻工艺的领域都需要使用掩膜版。

◁**图形发生器**是一种用来在对辐射敏感的工件上产生诸如光掩膜、显示屏或微光学器件之类的图形的装置。

◁**中间掩膜**是由原图经过多次缩小照相或由光学图形发生器直接在感光板上曝光制作的掩膜母版。

◁**科学大会奖**是指 1978 年全国科学大会成果奖，属国家级奖励。

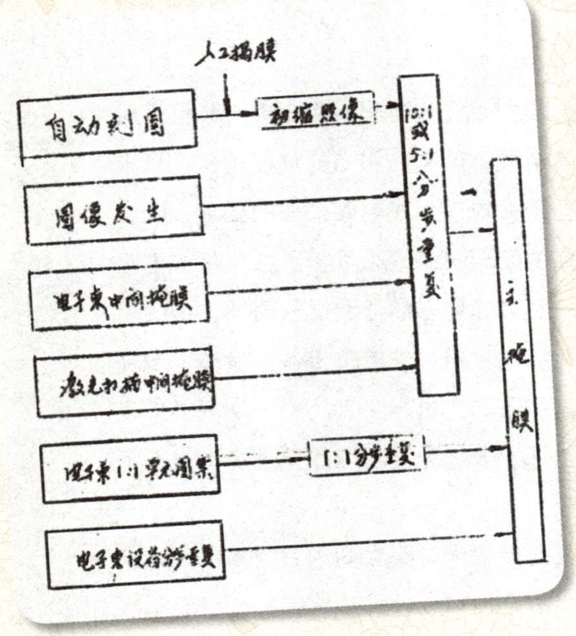

△王守觉绘制的自动制版方式原理图

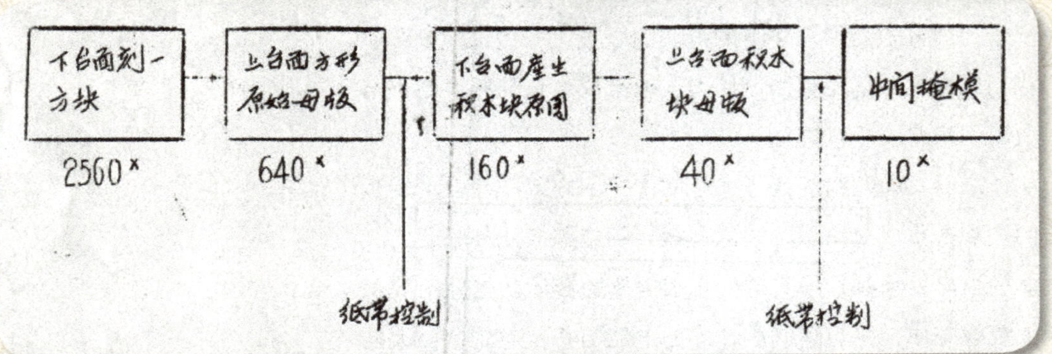

△王守觉绘制的自动制版技术流程图

2. 创建多维空间仿生信息学

多维空间仿生信息学是为解决计算机如何对具有很多自变量的形象思维问题进行计算而提出来的，是发展信息科学新算法的一种新思路。这种新思路主要以图形概念为基础，用形象分析的几何方法进行计算，用以替代对具有很多自变量的方程组进行计算。多维空间仿生信息学是王守觉团队在科研工作中遵循“实践—理论—实践—理论”规律而逐步发展起来的。1995—2000 年，王守觉采用多维空间几何概念研究**人工神经网络**并用于模式识别，在此基础上提出且实现了一系列人工神经网络与模式识别的新模型、新硬件、新应用。

人类形象思维是直接从形象的角度进行，并没有把它先转换成逻辑运算进行计算。由于人类形象思维所涉及的信息往往具有上百个或更多的独立自变量，而对于这样复杂的多变量问题，按逻辑推理得到唯一精确解的可能性太小。于是，王守觉提出高维形象几何的概念，把这个问题进行简化分析，即形成了多维空间仿生信息学。

高维形象几何与仿生信息学就是把高维空间的形象问题用几何的方法来解决。一个有几千个自变量的方程式用常规数学方法很难解决，但用几何方法就可以解决。在王守觉发展的高维空间形象几何学方法中，一张图片、照片、图形都可以对应到高维空间里的一个点。这个点用高维形象几何的计算方法进行计算后，可以产生另外一个点；这个点如果变回来，还是一张照片，可以用作信号处理或图像复原等。

在高维形象几何概念正式提出前，王守觉经过了一

◁**多维空间仿生信息学**也称高维形象几何仿生信息学（简称高维仿生信息学），是利用人类形象思维的特有本领，找出在高维空间中利用形象分析的几何方法，以近似地计算和总结多变量的实际问题。一般高于三维的空间被称为多维空间，把远远高于三维的多维空间称为高维空间。

◁**人工神经网络**也叫神经网络或连接模型，是一种模仿动物神经网络行为特征，进行分布式并行信息处理的算法数学模型。

系列研究和思考，面对信息科学中模式识别领域发展遇到的“瓶颈”状态，尤其是人工神经网络，他希望能找到更有效的理论和解决方法。1994 年，王守觉在研究人工神经网络分类功能的基础上，分析了已有人工神经网络神经元的结构，发现了神经元与高维空间几何形体之间的潜在对应关系。这种对应关系揭示了神经元在特征空间中能发挥分类作用的本质原因，并进一步提出多值和**多阈值神经元**。在与以往传统人工神经元的实验比较中，多值和多阈值神经元表现出了更突出的精确性和适用性，优化了人工神经网络的逻辑功能，并且降低了人工神经网络的复杂性。1999 年，王守觉提出通用神经网络硬件中神经元的基本数学模型，并在随后的工作中系统地进行了人工神经网络的多维空间几何分析及其理论研究。

2000—2003 年，王守觉以几何直观的角度研究一种新的人工神经网络计算模型，并且在 2002 年提出一种新的**模式识别**理论，即“**仿生模式识别**”，它是仿生信息学发展的重要一步。仿生模式识别的基本数学模型是对样本在高维特征空间几何分布的**拓扑**分析，所以也被称作“拓扑模式识别”。

从识别结果看，仿生模式识别在实物全方位识别方面远优于国际上近年流行的其他方法；在泛化能力方面，也远优于国际流行的传统方法。目前，仿生模式识别技术已开拓出很多应用领域，如模糊影像清晰化、虚拟表情、身份验证等。

在模糊影像清晰化方面，仿生模式识别将模糊的图当成一个点，让它在高维空间里慢慢运动，影像就会渐渐清晰起来，处理结果比 Photoshop 软件处理出来的好很多。仿生模式识别技术不但可以把模糊的照片变清晰，还能把照

▷**多阈值神经元**是指神经元作为一个多输入单输出的非线性单元，当输入之和需要超过一定数值时，输出才会有反应，这个数值一般称为阈值。

▷**模式识别**就是用计算的方法，根据样本的特征将样本划分到一定的类别中去。模式识别以图像处理与计算机视觉、语音语言信息处理、脑网络组、类脑智能等为主要研究方向，研究人类模式识别的机理以及有效的计算方法。

▷**仿生模式识别**是 2002 年由中国科学院半导体研究所王守觉院士提出的一种模式识别理论的新模型。它以“认识”事物而不是“区分”事物为目的。与传统以“最佳划分”为目标的统计模式识别相比，它更接近于人类“认识”事物的特性，故称为“仿生模式识别”。其数学方法在于研究特征空间中样本集合的拓扑性质，故亦称作“拓扑模式识别”。

▷**拓扑**是研究集合图形或空间在连续改变形状后还能保持一些性质不变的学科。拓扑学是由几何学与集合论发展而来的学科，主要研究空间、维度与变换等。

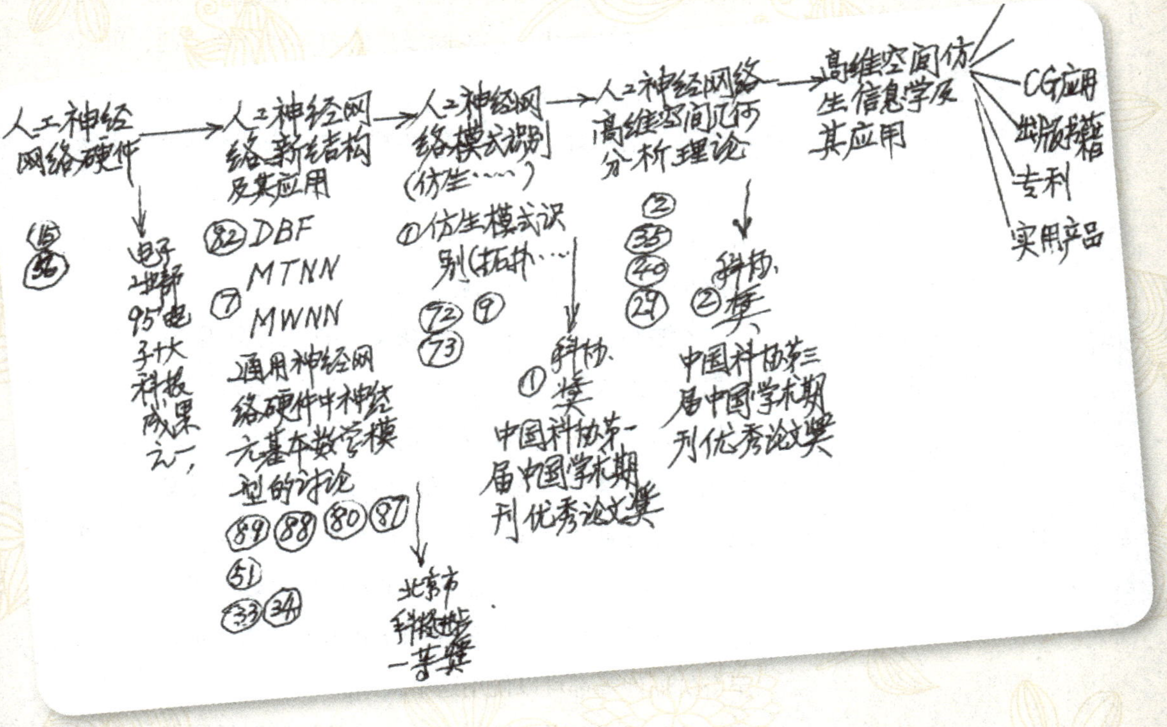

△高维空间仿生信息学发展脉络（王守觉手稿）

片人物的妆卸掉，而且完成这些任务只需在空间里做简单的运算。

在虚拟表情方面，其功能用途更加广泛。比如原始照片上的人物是板着脸的，经过基于高维空间仿生信息学的虚拟表情技术的处理，就能转成微笑表情；自己拍一张照片，然后虚拟出各种表情，就可以模拟产生出一段自己的活动影像出来。这项技术能够实现艺术性地处理照片，比如不用重叠的方式，把不同照片的内容结合在一起；可以把人物、景物结合在一起，形成抽象画；可以把图画处理成素描、油画效果；甚至可以把人的表情或不同景物串联起来，形成动漫效果。这项技术还有望进入动漫、电影领域，它能力强大、操作简单，即使对个人来讲，只要有几张照片，用户就能自己制作电影。

在身份验证方面，高维仿生信息技术只需30秒钟就能把一个摄像头拍摄的使用者人脸参数存储到普通磁卡上，这样一张普通的磁卡就成了能确认主人身份的“安全卡”。在主人使用时，不到五秒就能听到“谢谢使用安全卡系统”，表明通过了身份确认；而当他人使用这张卡时，就会出现“请稍等待”，以便工作人员做出处理或者报警决定。一切要求保证本人使用和防止造假的出入证、门票甚至身份证件等都可以使用这个技术。

仿生模式识别理论在2002年召开的神经网络与智能计算年会和第十二届全国神经计算学术会议上受到了国内外学者的广泛关注，其创始人王守觉也被邀请在美国举行的2003年国际神经网络联合年会上作特邀报告。由于仿生模式识别在实验系统中的优异效果和理论上的原创性，目前国内已经有三所高校相继成立团队和机构，在王守觉的统一规划下开展目标识别、人脸识别与语音识别等研究工作。

多维空间仿生信息学是一门应用面广、实用性强的新学科，也是一项崭新的技术，在未来会有很大的发展空间。

石油地质学家——田在艺

田在艺（1919年12月—2015年3月），生于陕西渭南。1945年毕业于中央大学理学院地质系。1997年当选中国科学院院士。曾任中国石油天然气集团公司石油勘探开发科学研究院教授级高级工程师、石油勘探开发科学研究院副院长。20世纪50年代对陆相生油研究总结了一套规律：构造是主导、沉积是基础、生油是关键、保存是条件，为指导找油起了很大作用。对于盆地，更明确指出盆地长期下沉、沉积巨厚、封闭深水盆地，还原介质水域、湿润气候、湖泊相暗色泥岩是陆相生油的沉积条件、构造环境和沉积物质，完善和发展了陆相生油理论。60年代指出生、储、盖、运、圈、保有机匹配成油气地质条件是寻找油气田的基本地质因素。80年代组织领导全国第一次油气资源评价。90年代首次将成油气系统理论引入盆地分析。

伟岸的身躯、浓重的乡音，田在艺的外表和言谈举止朴实忠厚得像一介农夫，圈内人都说他是老实人、好人。公家的事，别人的事，他总是记在心上。在他心里，国为重，家为轻，他最愧对的是父母和家人。

1. 身先士卒勘探大庆油田构造

▷ **大庆油田**于 1959 年发现、1960 年投入开发，是我国最大的油田，也是世界上为数不多的特大型陆相砂岩油田之一。油田位于黑龙江省大庆市，松嫩平原北部，由萨尔图、杏树岗、喇嘛甸、朝阳沟、海拉尔等油气田组成。

▷ **余秋里**（1914.11—1999.2），江西吉安人，无产阶级革命家，中华人民共和国石油工业的创建者。历任西南军政大学副政委、第二高级步兵学校校长兼政治委员、西南军区后勤部部长兼政治委员、军委总财务部部长、总后勤部政委、石油工业部部长、国家计划委员会主任、国务院副总理、解放军总政治部主任、军委副秘书长。

▷ **克拉玛依油田**即新疆油田，于 1955 年发现，是新中国成立后开发建设的第一个大油田，原油产量居中国陆上油田第四位。

▷ **水肿病**是指因受外邪、饮食失调或劳倦过度等导致体内水液潴留、泛滥肌肤，以头面、眼睑、四肢、腹背甚至全身浮肿为临床特征的一类病证。

大庆油田的发现是我国石油工业史上最伟大、最振奋人心的事件之一。它的发现和开发使我国彻底摘掉了“贫油”的帽子，使我国的石油在当时能够自给自足。田在艺是大庆油田的重要发现人之一，参与了大庆油田开发会战的始末。

1959 年大庆油田首次喷油，**余秋里**提出了“大战松辽”的建议，揭开了大庆会战的序幕。1960 年 2 月，石油工业部党组在哈尔滨召开大庆石油会战第一次筹备会议，确定了大庆石油会战的三项主要任务。为了胜利完成会战任务，国家从全国各地抽调人手组建队伍开往大庆。田在艺随着原新疆石油管理局局长，带领原新疆**克拉玛依油田**的建设队伍从新疆奔赴大庆。

初到松辽，田在艺在会战总部，后来调到地质调查处，承担指挥松辽盆地地质勘探的任务。大庆石油会战的条件极端艰苦。1960 年正值三年自然灾害时期，国家经济困难，粮食短缺，食品、蔬菜供应不足，由于严重营养不足，工地上出现了 4000 多名**水肿病**患者。冬季，松辽平原气温低至零下 40 多摄氏度，居住的地方不能御寒挡风，野外工作时只能在四面透风的帐篷里睡觉。职工们奋战在前线工地，家属们就被动员、组织起来参加生产劳动，垦田、种菜、搭建住房、参加农副业生产，以缓解松辽平原几万人的吃住问题。

就是在这种艰难条件下，田在艺带领会战队伍坚守阵地，保证一个队伍不许撤走、一个人不能冻伤、一台设备不能冻坏。技术人员白天跑野外，夜晚在帐篷里讨论工作，基本上没有时间停下来休息。有一次，田在艺出门测压、**试井**，由于阴雨天，汽车开不到井场，他在泥塘里、汽车里过了一夜，之后又冒雨扛着压力计、背着钢丝绳，滑地走了 20 多里路，在牛棚里顶着雨衣坐了一夜。最终，田在艺等技术人员用最快的速度摸清了松辽平原的地下结构，为采油提供了技术支持。

1960 年夏，正当大庆会战如火如荼展开之际，中苏关系恶化，苏联单方面撕毁合同，终止对中国的援助并撤走专家，令我国困难的经济形势雪上加霜。没有外援，一切只能靠我国石油地质工作者自己努力。大庆会战坚持**“九热一冷”的工作制度**，同时还有著名的**“三老”“四严”“四个一样”**的工作作风。在严格的工作制度和工作作风要求下，会战继续热火朝天地展开。虽然大庆的条件艰苦到令人难以想象的地步，但是大庆人积极响应国家号召，涌现出不少像**“铁人”王进喜**一样的先进人物。作为地震队的负责人，田在艺不断给群众做思想工作，鼓励大家坚持信念。原华北油田总地质师吴华元回忆道：“田在艺始终是大家的带头人，处处都是想在前、干在前，具有战略眼光和辩证思维能力，带领大家为石油会战做了出色的贡献。”

在松辽石油会战期间，田在艺一丝不苟的工作态度深受年轻人的爱戴，会战结束 30 多年后，还有人怀念当时的情景。大庆石油会战时还是个小伙子的黄桂生回忆道：“在东北的冰天雪地里，有的年轻人受不了这样的天气，甚至

◁**试井**是为了确定井的生产能力和研究储层参数及储层动态而对井进行的专门测试工作。试井属于油藏工程的一个分支，是以渗流力学为基础，以各种测试仪器为手段，通过对油气井生产动态的测试来研究油、气、水层和测试井各种参数、生产能力以及油气水层之间的连通关系的方法。试井可分为产能试井和不稳定试井。

◁**“九热一冷”的工作制度**即是把九成的时间用在热火朝天的生产实践中，一成的时间用在处理工作中存在的问题和提高认识上。

◁**“三老”**即对待革命事业要当老实人、说老实话、办老实事。**“四严”**就是干革命工作要有严格的要求、严密的管理、严肃的态度、严明的纪律。**“四个一样”**即白天黑夜工作一个样、好坏天气工作一个样、有人检查和无人检查工作一个样、领导在场不在场工作一个样。

◁**“铁人”王进喜**（1923.10—1970.11）是中国第一代石油钻井工人，是大庆石油会战中石油工人的杰出代表。来大庆之前，他是玉门的钻井队队长。到大庆后，他豪迈地喊出，“宁可少活 20 年，拼命也要拿下大油田”“有条件要上，没有条件创造条件也要上”的口号。在他的号召和鼓舞下，大庆职工你追我赶，掀起了一次又一次的会战高潮。

被冻哭了。田处长不畏严寒，一丝不苟地实地帮助指导年轻队员，告诉大家在野外工作应注意的事项”。当时在大庆工作的许多年轻人和黄桂生一样，对田在艺非常佩服，感到他就像老师教学生一样指导年轻人，是可亲、可敬、可学的榜样。

经过不懈努力，大庆会战渡过了最初的难关，取得了辉煌的成绩。大庆油田生产的原油开始源源不断地向全国的工业基地输出。大庆输出了原油，但会战并未结束。松辽平原被证实是个广袤的石油蕴藏区，所以大庆人在这里展开了更加如火如荼的勘探、建设工作。

1961 年冬至 1962 年春，石油工业部从各地抽调人马开展冬季**“地震会战”**，进一步扩大松辽盆地的勘探工作。田在艺是地震组的技术骨干，同时还担任了勘探指挥部的副指挥。1961 年 10 月，在前期地震组的基础上又成立了松辽地震会战前线指挥部，田在艺任副总指挥兼总地质师。他组织一批专家一起反复讨论、总结松辽盆地油气构造的特点和规律，包括盆地的石油生成、石油储层、油气藏层、**圈闭**构造、油气保存等规律。在此后的两年中，田在艺和他的队伍进一步查明了大庆**长垣**巨型含油构造，并在大庆外围发现了一些新的油气田。

大庆油田的发现充分说明，一个地区有没有油藏取决于这个地区是否有石油生成、运移、聚集和储藏的地质条件，如果条件具备，**陆相地层**是可以生成大油田的。在此基础上，田在艺总结形成了石油地质学**“生、储、盖、运、圈、保”六字诀**。“六字诀”涵盖了石油地质学的基本内容，在业内影响深远。这套成油理论已成为我国石油地质专业教材的重要组成部分，对我国陆相乃至海相油气田的发现起到了重大的科学指导作用。田在艺还运用这些油区勘探的实践经验和盆地分析原理，对我国各个油区的

▷**地震会战**是指 1961 年 10 月，新扭、青海、玉门、银川及松辽地质调查处的地震队伍云集大庆，展开了一场地震勘探大会战，任务是进一步探明松辽盆地的石油地质储量。

▷**圈闭**是一种能阻止油气继续运移并能在其中聚集的场所。圈闭是具备捕获分散烃类形成油气聚集的有效空间，具备储藏油气的能力，但圈闭中不一定都有油气。一旦有足够数量的油气进入圈闭，充满圈闭或占据圈闭的一部分便可形成油气藏。

▷**长垣**（构造）是地台盖层背斜带中的一种，构造平缓开阔，外形呈长圆形或不规则长圆形，长度远大于宽度，有一个统一的构造圈闭。

▷**陆相地层**是在陆相环境下形成的地层，如河流、湖泊、冲积扇等，岩性上以碎屑岩（砂岩、砾岩、泥岩等）最为多见。一般地层厚度变化较大，横向上分布不均匀。海相地层是在海洋环境下沉积的沉积物压实成层，包括滨海、浅海、深海下的沉积，滨浅海多见碳酸盐岩沉积，深海为泥质沉积。

▷**“生、储、盖、运、圈、保”六字诀**是指油气田形成的基本要素在于生油层、储集层、盖层、运移、圈闭、保存六大条件的有机匹配。

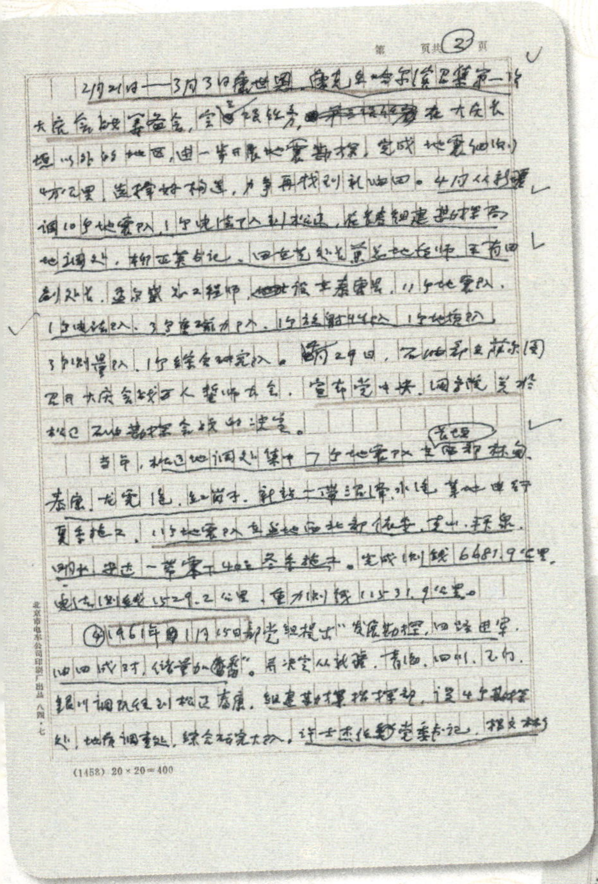

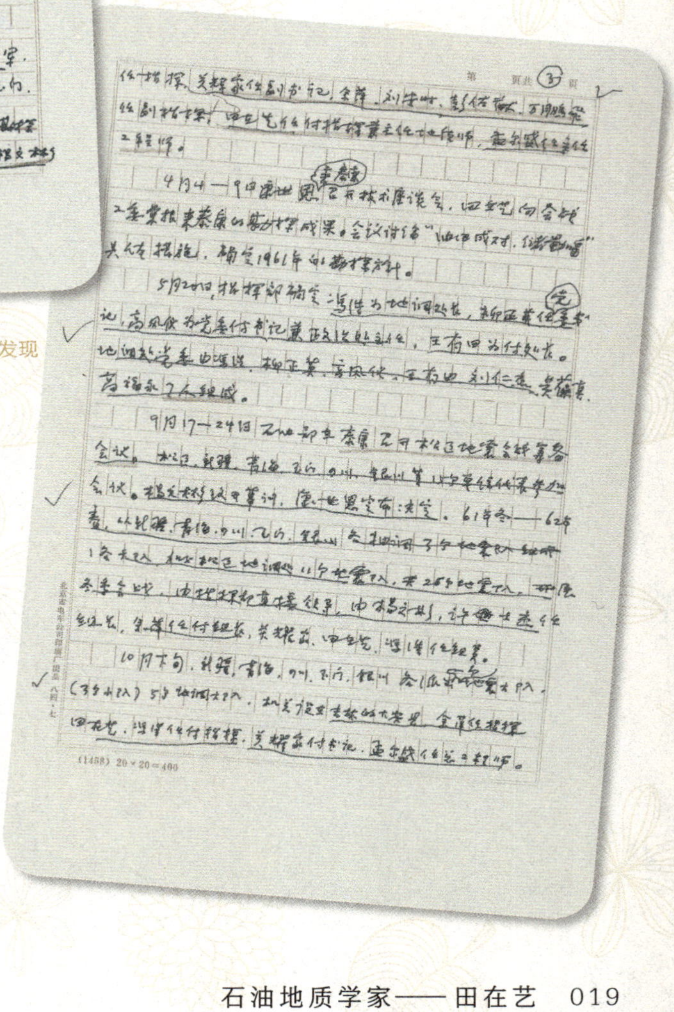

△▷ 20 世纪 90 年代，田在艺回忆大庆油田的发现过程《大庆的地震会战》手稿

▷**岩相古地理**侧重于研究古代沉积环境，着重研究沉积环境中的古地理条件及沉积物特征中的岩性方面。包含地理和岩性两个方面的内容，如湖泊砂泥岩相、浅海碳酸盐相、深海页岩相等。油区岩相古地理侧重于研究含油气区的岩相古地理条件及其分布规律。

历史时期的**岩相古地理**以及对油气的控制作用进行了深入研究。

大庆油田的勘探和开发是与“两弹一星”一同载入中国科技发展史册的重要成就。大庆油田是在我国经济严重困难时期，由我国的石油地质工作者独立自主、自力更生发现和开发的。它的发现和开发改变了我国石油工业的发展布局，甩掉了中国贫油的帽子，实现了石油基本自给，由此开始了我国石油工业的跨越式发展。1982 年，田在艺因“大庆油田发现过程中的地球科学工作”成为国家自然科学奖一等奖的获奖者之一。

2. 身体力行培育石油地质人才

田在艺晚年开始担任硕士生导师，把自己多年总结的宝贵经验传授给年轻一代，为石油工业培养人才。1980 年，田在艺调入北京，担任石油工业部石油勘探开发科学研究院副院长兼总地质师。此后，他的工作重心逐渐转入教书育人、总结理论上。

在石油勘探开发科学研究院这样一个石油名家汇集的地方，从外表上看，田在艺花白的头发、高高的个子、挺得笔直的脊梁，常年穿一套蓝色布衣，看起来非常朴素，甚至有点儿“土气”，像一位农家老人。但在当时的地质学界里，田在艺已经是德高望重的老前辈，很多学生也是慕名报考石油勘探院。田在艺招生的原则只有一个：贵精不贵多。每一个学生，田在艺都是手把手亲自教，从指点学生观察实验到修改论文，无不亲力亲为，在学生的成长上花费了很多心血。

田在艺教授学生非常注重地质考察。有一次，他带领学生去山东西南部考察地质。那时他已经 69 岁，但有着不输给年轻人的劲头，丝毫不嫌路途的颠簸，亲自带着 4 名年轻学生沿着鲁西南地区仔细考察。考察持续 10 天左右，田在艺把整个鲁西南地区的野外地质**露头**都考察到了。这一圈跑下来，学生们都觉得非常辛苦，可是田在艺却劲头十足。他一边走，一边不间断地结合剖面的地质情况向学生讲述中国东部油区**大地构造**、盆地形成和油气生成的理论，还带着学生考察了胜利油田的采油。

除了指导自己名下的学生外，田在艺还在石油勘探院开设了一些专业性很强的课程。从 1985 年开始，田在艺结

◁**露头**是指岩石、矿脉和矿床露出地面的部分。矿床的露头是矿床存在的直接标记，也叫矿苗。在野外地质考察中，通过露头可以了解岩体的岩石性质；可以测量地层的产状，掌握地壳变动的情况；还可以在露头中寻找化石，从而判断地层的地质年代等。

◁**大地构造**是地球科学的一个分支学科，主要研究地球的构造、演化及其运动变形和发展规律等问题，是研究地球科学的基础理论学科。大地构造不仅对深入认识地球发展史和地壳、岩石圈运动史有重要的理论意义，而且对研究成矿条件、地表成因及预测矿产资源等具有重要的实际意义。

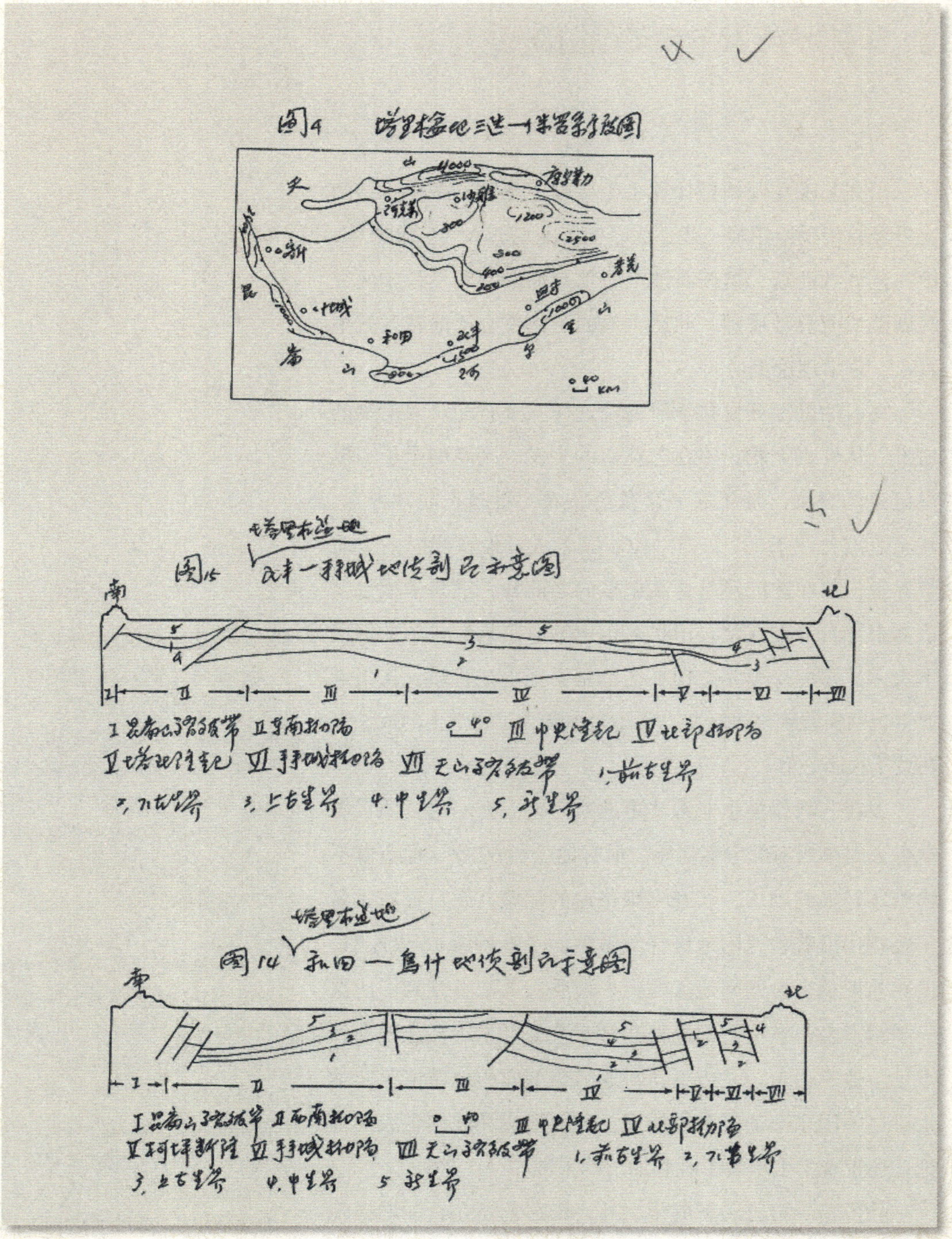

△ 20 世纪八九十年代田在艺手绘的地质图图稿

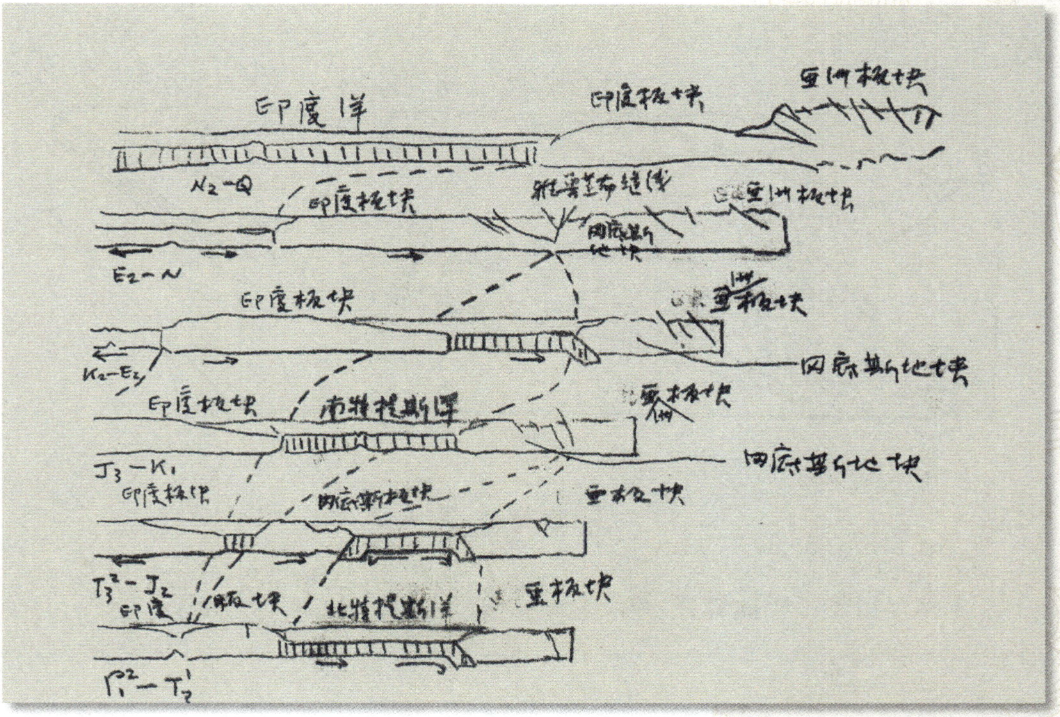

△ 20 世纪八九十年代田在艺手绘的地质图图稿（续）

合自己多年的实践经验，连续三年在石油勘探院开设“中国含油气区大地构造分析”课程，并花费许多时间准备这门课的教案。课后，他还把学生们召集到办公室开小型讨论会，让学生们畅谈对课程的体会、讨论课上留下的问题等。听课的学生有十来人，除了田在艺的硕士研究生，还有一些相近的地学领域研究生慕名来选修。

当时这门课程没有教材，基本上都是田在艺查阅资料，再结合个人的研究成果形成的教学提纲。田在艺的教案内容来自自己多年积累的宝贵知识、工作笔记和图书馆里大量的地质专业文献。那时候没有电脑，更谈不上网络，检索资料不是一件轻松的事情。他的学生至今记得田在艺的手稿中有一个牛皮封面的大本子，里面写得密密麻麻，图也是手画的，他就是照着这个稿子在黑板上再给学生画

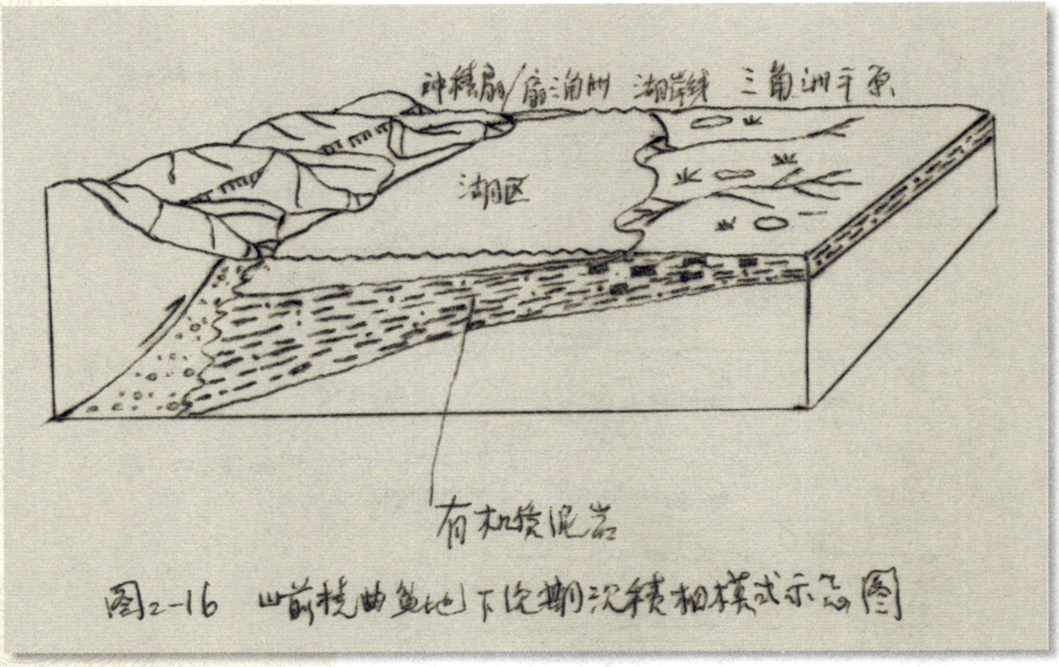

△ 20 世纪八九十年代田在艺手绘的地质图图稿（续）

出来。一节课的讲授时间是两个学时，田在艺却需要花费五倍以上的时间准备授课内容，而他做出的教案也被学生誉为这门课最好的教科书之一。

20 世纪八九十年代，田在艺绘制了大量的地质构造图图件和幻灯片用于教学。据其长子回忆，“父亲（田在艺）在这些图纸上耗费了大量时间，他做起这些事情非常认真，也很喜欢绘制地质构造图。”

1998 年，田在艺在南京大学担任兼职教授并开设“**中国东部裂谷系**”讲座。当时他已年近八旬，可是秉承“在其位、谋其事”的原则，他一丝不苟地准备讲稿、课件，亲笔书写讲话稿、课程提纲，并精心搜集数十份图件。在讲话稿中他谈到，自己接受母校南京大学聘其目的在于：“尽我所知，为同学们传授一些石油方面的知识；教学相长，使自己从中获得进一步的提高。”他殷切希望下一辈

▷**中国东部裂谷系**是指中国东部的第二沉降带，是从中生代晚期开始，在全球新的板块构造运动控制下形成的一个巨型裂谷系。它是一个构成宽度为 250—450 千米、长达 4 万千米以上的大陆裂谷系。我国已知油气储量及产量的 90% 以上分布在我国东部的第二沉降带内。

石油工作者能快速成长起来，他曾说道：“今后多参加石油战线上的工作，为国家找出更多的石油储量，并提高油田采收率，增加更多的产量，为社会主义祖国建设增加更大的力量。”

田在艺的学生毕业后，一部分留在石油勘探开发研究院工作，另一部分在国内外其他石油地质相关岗位上工作。有的成了知名教授，有的成了地方油田的领导、技术骨干，也有出国深造的。但无一例外的，他们都继承和发扬了田在艺为石油地质事业奉献的精神，在石油地质相关工作中都取得了不错的成绩。

土壤学家——朱显谟

朱显谟（1915 年 12 月—2017 年 10 月），生于上海崇明。1940 年毕业于中央大学农业化学系。1991 年当选中国科学院学部委员（院士）。曾任中国科学院西北水保所第一副所长、中国科学院水利部水土保持研究所名誉所长。从事土壤、土壤侵蚀、水土保持和国土整治研究。提出华南红壤主要是古土壤和红色风化壳的残留以及红色冲积物的堆积而不是现代生物地带性土壤的观点。对国内外土壤剖面进行对比研究，明确了灰化土中的 A2 层是硅的淀积层。阐明了黄土中土壤和古土壤黏化层的生物起源。对黄土和黄土高原的形成提出了风成沉积的新内容和风成黄土是黄尘自重、凝聚、雨淋三种沉积方式的融合体并赋予黄土高渗透性、高蓄水功能，并被着生生物所巩固和提高。是整治黄土高原国土和根治黄河水患的“28 字方略”和维护加强以土壤水库为本的“三库协防”的提出者。

多年来，朱显谟在土壤发生和地理分布、土壤侵蚀及其防治方面不断提出自己的见解和观点，既不符合传统，也不适应潮流，曾被称为“离经叛道”或被斥为“标新立异”。经过实践检验，他提出的许多观点都被证明是正确的。

1. 参与土壤调查 开展红壤、黄泛区土壤研究

▷**侯光炯**（1905.5—1996.11），土壤学家，1955 年当选为中国科学院学部委员（院士）。西南农业大学教授、自然免耕研究所所长。在土壤肥力和土壤地理研究方面发现“光肥平衡”日周期变化的事实，开辟了土壤胶体热力学新领域。

▷**红壤**是我国中亚热带湿润地区分布的地带性土壤，属中度脱硅富铝化的铁铝土。红壤通常具深厚红色土层，网纹层发育明显，黏土矿物以高岭石为主，酸性，盐基饱和度低。

▷**客土法**是向污染土壤中添加洁净土壤，以降低土壤中污染物的浓度或减少污染物与植物根系的接触，是土壤污染治理中的一种工程物理治理方法。

▷**烧土法**一般指熏肥，是将土块加以熏烧，利用烟火熏烧土坯、草泥、表土等使其快速变成富含速效养分的肥料。

▷**红壤化作用**也称红土化作用，是一种风化作用。因为红壤化作用通过去钠、钾、钙等易溶物而保硅；通过去硅而保铁、铝、钛、金、镍等难溶物，能形成铁矿、铝土矿、钛矿、镍矿、金矿、锰矿等矿藏，所以，人们对红壤化作用研究较多。

朱显谟 1940 年大学毕业后，考入江西省地质调查所，后转入重庆北碚中央地质调查所土壤研究室工作。随指导老师**侯光炯**先生先后赴四川铜梁县、贵州、广西、湖南、江西等地调查，其间在江西工作达六七年之久，对江西的土壤进行了全面的调查和分析，并进行**红壤**改良试验。在工作中，他除了完成土壤调查制图报告外，还撰写了多篇专题试验研究论文，其中《江西省土壤志》对红壤发生及分布提出了新的见解，认为江西红壤改良的方法中以“**客土法**”和“**烧土法**”最为显著。

1946 年夏，朱显谟前往庐山参加中国工程师学会会议。会后，他对庐山地区的土壤展开调查，发现庐山土壤种类复杂，某些地方的土壤由第四纪土壤演变而来并经历过**红壤化作用**，但这一作用到底是发生在沉积前还是沉积后不得而知。朱显谟参照**李四光**对红土的看法，推断该地区红白相间的土壤应该是**冰渍**物红化作用的产物，形成于沉积前。此外，当时的土壤学家大都认为热带气候最易于红壤发育，但江西仅南部很小的区域属亚热带气候区，其余大部分地区属温带气候区。因此，朱显谟认为庐山地区红壤的形成与当时该地区的气候情形并不相符。这次考察引发了他对江西红壤的生成与该地区气候条件之间关系的进一步思考。庐山会议后，朱显谟继续对这一问题进行深入研究，并最终提出了江西红壤是古土壤的观点。

1947 年，上海联合国善后救济总署和国民政府农林部复员委员会共同组织**黄泛区**调查，调查范围包括苏北、皖北和豫东等黄泛严重区。调查项目分土地、水利、农业、

农经和畜牧业等，并设立了相应的调查小组。朱显谟分在土壤与水利小组。当时参与调查的国外学者有美国水利专家华生、土壤专家史瑞德，加拿大土壤专家查浦尔，澳大利亚畜牧专家比沙浦和一位荷兰排水专家。朱显谟等人在皖北及豫东的凤台、中牟、高邮等详测点进行土壤调查，完成了中牟比例尺 1∶50000 土壤图和论文《河南中牟泛区之土壤及其利用》。

朱显谟在文中指出，中牟县老城附近的土壤（北至黄河、南到十里头沙丘地带）在黄河泛滥期最快、最早被洪水冲掉。洪水退去后，大量泥沙沉积，因此这一地区的地势每年都在增高。这里的沉积物除沙粒外都很肥沃，适合农作物生长。但因沉积的先后、沉积次数、距河床远近、水流缓急等情况不同，这一地区土壤剖面的性质不尽相同。由于该地区面积狭小，气候对农作物的分布影响小，因此土壤性能的差异对农作物的支配作用明显。朱显谟在调查中还发现这一地区的土地利用及管理很不合理，农地的选择没有章法，往往任意种植，全然不顾土壤的性质及其环境等，并对此提出了自己的建议：第一，注意沙土的利用并防治风蚀；第二，注意阻止**盐碱土**的生成；第三，注意灌溉排水问题。

◁**李四光**（1889.10—1971.4），地质学家、教育家、社会活动家，中国地质力学的创立者，中国现代地球科学和地质工作的主要领导人和奠基人之一。李四光认为庐山地区冰川遗迹较多，因此这一地区的红土应属冰渍层。

◁**冰碛**指冰川堆积作用过程中所挟带和搬运的碎屑构成的堆积物，又称冰川沉积物。

◁**黄泛区**即黄河泛滥区域简称，系指 1938 年 6 月河南黄河花园口决堤事件后，在西起平汉线、东至津浦线、北起陇海线、南至淮河的广大地区所形成的黄河泛区。1938 年日军进攻开封、郑州，国民党部队炸开黄河花园口大堤，企图阻止日军南下。河水在黄淮平原肆虐，最终形成了跨越豫皖苏 3 省 44 个县的黄泛区，给当地带来了巨大损失，严重影响了当时这些地区的发展。

◁**盐碱土**是民间对盐土和碱土的统称。盐土和碱土是指土壤含有可溶性盐类而且盐分浓度较高，对植物生长直接造成抑制或危害的土壤。

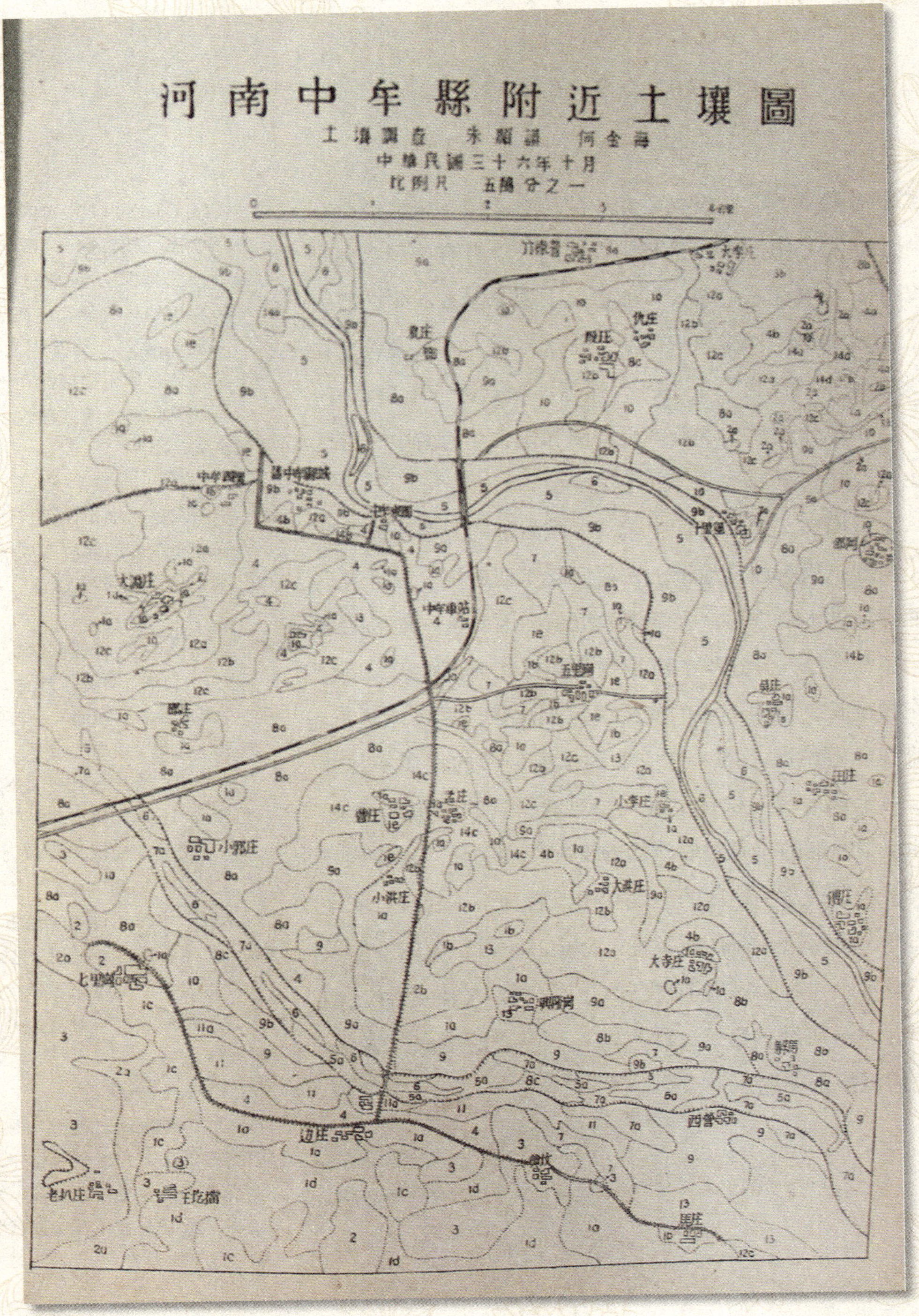

△朱显谟绘制的河南中牟土壤图（1947 年）

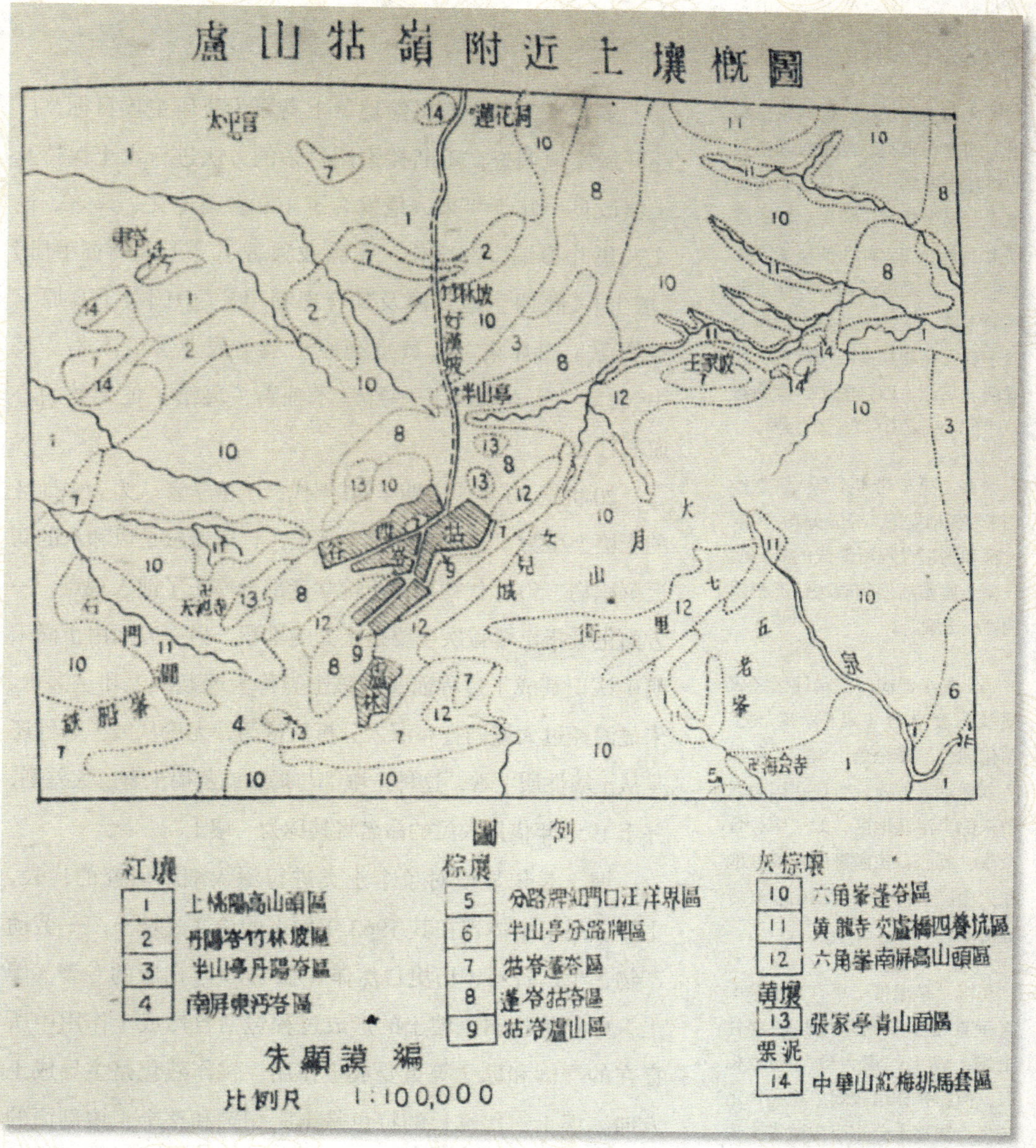

△朱显谟绘制的庐山土壤概图（1947 年）

2. 独创“塿土”研究　开辟耕种土壤研究新途径

多年来，朱显谟以治理黄土高原为科研主攻目标，广泛开展实地调查，不断探索用科学的方法进行水土保持及土壤改良。几十年来，他发表了100多篇论文、译著、论文选集并参编多部著作，主编或独著了《土壤调查手册》《塿土》《陕西土地资源及其合理利用》《中国黄土高原土地资源（图片集）》《黄土高原土壤与农业》五本书。其中，《**塿土**》是其唯一一部学术独著，凝结了他无数的心血和汗水。

20世纪30年代中期至40年代，土壤学者认为关中地区的土壤类型为**栗钙土**和埋藏栗钙土，且覆盖层是风和水的新近沉积物。50年代初期，土壤学者部分修正了前人观点，一方面正确指出覆盖层主要是土粪的堆积，另一方面由于尚未明确认识其成土过程而又把该土类称为埋藏**褐土**和**灰褐土**。朱显谟经过大量调查和深入分析后认为，无论从**成土**条件还是从土壤性质上看，这种土壤都与褐土或灰褐土有巨大差别，并于1958年借用农民的命名将其称为“塿土”。

塿土是朱显谟对单个土类进行深入细致研究的代表，主要成果集中体现在其1963年发表的论文《塿土——劳动产物，生产资料，历史自然体》和1964年出版的专著《塿土》中。他指出，塿土的形成过程包括自然成土作用中所存在的**淋溶**和**黏化**等重要成土作用，耕作熟化是主导成土方向。塿土**熟化过程**的特色是土肥相融和整个土壤剖面的厚度及层次不断增长，耕层也不断更新，从而在形态上与下伏自然土壤一起形成了“黄盖垆”的特殊土壤剖面结构。

朱显谟基于塿土剖面结构对农业生产的影响，分析了

▷**塿土**是关中地区（即八百里秦川）的主要土类，也是我国主要的耕种土壤之一。它是在原来土壤（主要为肝泥，即褐土）的基础上不断施加土粪而使覆盖层逐渐增厚，并经过长期耕种作用形成的土壤。在地理位置上，塿土位于黄土高原和南温带南部，北背渭北高原，西接陇山，南临秦岭，东以吕梁山和太行山为界。

▷**栗钙土**是温带半干旱大陆气候和干草原植被下，经历腐殖质积累过程和钙积过程所形成的具有明显栗色腐殖质层和碳酸钙淀积层的钙积土壤。

▷**褐土**是半湿润暖温带地区经碳酸盐弱度淋溶与聚积、有次生黏化现象的带棕色土壤，又称褐色森林土。主要分布在我国暖温带东部半湿润地区，如关中、晋东南、冀西、豫西等的丘陵盆地和燕山、太行山、吕梁山、秦岭等山地。

▷**灰褐土**是温带干旱、半干旱山区垂直带中积钙作用强的森林土壤，成土作用大致与褐土相似，但黏化作用较弱、积钙作用较强。灰褐土分布于内蒙古大青山、乌拉山，宁夏贺兰山，新疆西部天山南北坡、帕米尔、西昆仑山，甘肃祁连山、西秦岭以及六盘山、子午岭等山地。

塿土的生产特性，如耕作性能、水分状况、养分状况、结构性能等；并基于对塿土各种性质的对比试验和详细分析，论证了化肥和深耕的重要作用，创造性地提出了**草谷轮作制**。自 1954 年，朱显谟开始对各种草谷轮作进行对比试验，发现草谷轮作措施能够显著改良土壤并增加生产力，以此为基础，他提出设法提高土粪质量、多施化肥的建议，纠正了以往所认为的土粪越多、地越肥的观点。

朱显谟在编著《塿土》这本书时非常慎重，每一个细节都反复考察研究。《塿土》一书是他在黄土高原长期实践和思考的结晶，为研究耕种土壤提出了新的途径。图书出版后，在土壤学研究领域被多次引用，成为该领域的经典著作。“文化大革命”期间，由于没有条件开展科研工作，朱显谟对以往的研究进行了全面总结，完成了《中国黄土地区的土壤》巨幅手稿，其中《塿土》一书的主要内容只是其中的第十章。

◁**成土**过程也叫土壤形成过程，是指在各种成土因素的综合作用下土壤发生发育的过程。

◁**淋溶**一般指淋溶作用，是指土壤物质中可溶性或悬浮性化合物（黏粒、有机质、易溶盐、碳酸盐和铁铝氧化物等）在渗漏水的作用下由土壤上部向下部迁移，或发生侧向迁移的一种土壤发生过程。

◁**黏化**是指土壤剖面中原生硅铝酸盐矿物不断变质成为次生黏土矿物，导致黏粒在一个或数个层次富集的过程。

◁**熟化过程**是指在耕作条件下，通过耕作、培肥与改良促进水肥气热诸因素不断协调，使土壤向有利于作物高产方面转化的过程。

◁**草谷轮作制**是定期轮流种植谷物和草的制度，用以培养土壤肥力。

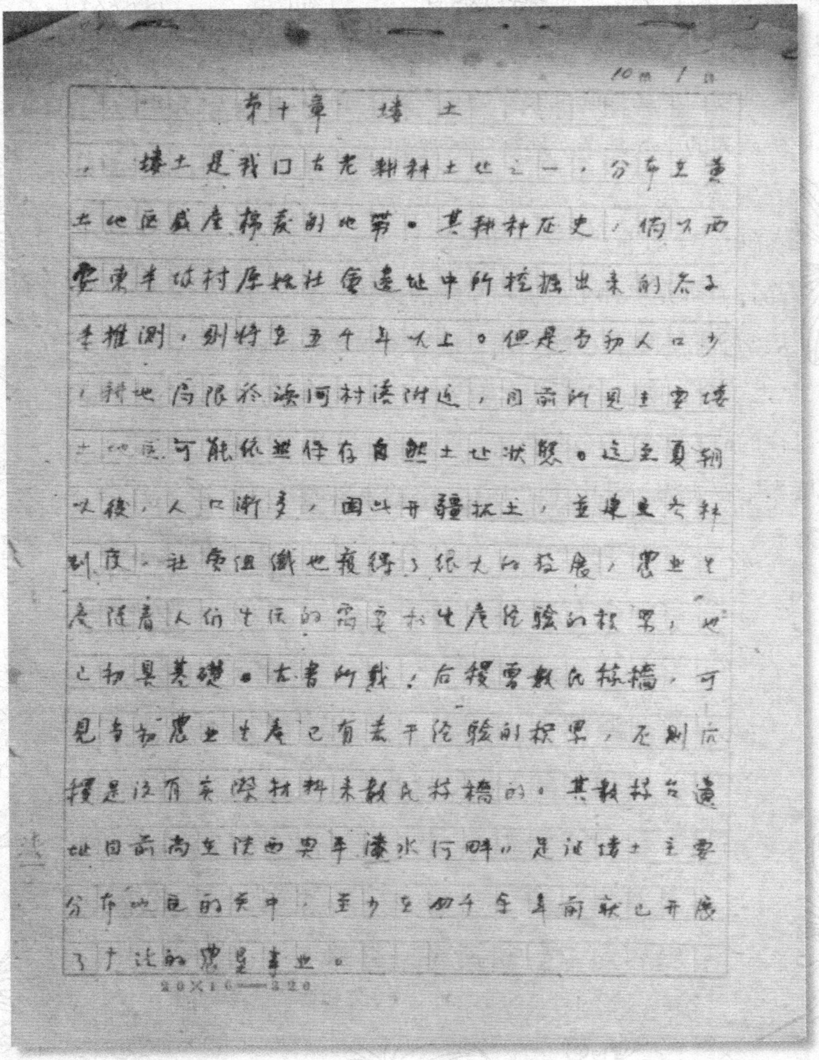
第十章 塿土

塿土是我国古老耕种土壤之一，分布在黄土地区最广阔的地带。其耕种历史，倘以西安东半坡村原始社会遗址中所挖掘出来的东西来推测，则将在五千年以上。但是当初人口少，耕地局限于渭河两岸附近，因而所见之塿土地区可能依然保存自然土壤状态。迨至夏朝以后，人口渐多，因此开疆拓土，并建立了井田制度，社会组织也获得了很大的发展，农业生产随着人们生活的需要和生产经验的积累，也已初具基础。古书所载：后稷曾教民稼穑，可见当初农业生产已有若干经验的积累，否则后稷是没有实际材料来教民稼穑的。其教稼台遗址目前尚在陕西武功漆水河畔，是以塿土主要分布地区的中心，至少在四千年前就已开展了广泛的农垦事业。

20×16—320

△朱显谟撰写的《中国黄土地区的土壤》第十章塿土手稿（20 世纪 60 年代）

3. 提倡理论实践并重　培养土壤学科人才

朱显谟在教学中不但注重培养学生的独立工作能力和献身科学的精神，而且在言传身教，不断强调在土壤学研究中要注重理性知识与感性知识的结合。他强调科学研究一定要有怀疑精神，要敢于向权威挑战、向既成观念挑战。20 世纪 50 年代，朱显谟发现了塿土，但当时苏联专家在国内学术领域具有权威性，他们坚决不承认塿土。朱显谟坚持认为这是一种新的土类，因此，他亲自带领研究生到野外观察**土壤剖面**，现场讲述土壤特征。

◁**土壤剖面**土壤垂直切面，深度一般在两米以内。通常由人工挖掘而成，供观察和研究土壤形态特征用。因修路、开矿或兴修水利设施时显露的土壤垂直断面称自然剖面。

为了使学生认识到感性知识的重要性，70 多岁的朱显谟还亲自带领学生在条件艰苦的戈壁、沙漠中实地考察，几次深入黄土高原考察高原降雨入渗的情况，认为降雨后不易形成径流、不能形成土壤冲刷的动力。实地考察时，他跟研究生讨论黄土高原水土流失和黄河泥沙的问题，讨论他的黄土高原国土整治“**28 字方略**”。他告诫年轻人，在填图时必须亲自走到、亲眼看到，只有亲眼看到的东西才能往图上画。从现在保存下来的图纸看，朱显谟当年所填的图都非常细致、严谨，为学生树立了良好典范。

◁**28 字方略**是朱显谟提出的以迅速恢复植被为中心的黄土高原国土整治方略，即“全部降水就地入渗拦蓄、米粮下川上塬、林果下沟上岔、草灌上坡下坬”。该方略具有很强的指导意义和实践效益，已被国家科技攻关试区广泛采用并在流域治理中得到验证。

20 世纪 80 年代，中国科学院水利部水土保持研究所建立了降雨模拟实验室。朱显谟对此很支持，因为实验室内的实验可以避免季节性变化，模拟气候、控制降雨强度；但同时他也反对学生们只在实验室里做模拟实验，而不去野外实地考察。朱显谟认为像土壤学这类学科的学生必须要对土壤有一个感性认识，模拟实验只是辅助手段，用以解决某些野外不能解决的问题，但不能包揽所有问题。土壤学研究必须从野外的感性认识中带来问题，然后再通过模拟实验从理论上深入研究，所以真正的认识还是来自实践。为此，他一再强调，搞土壤学、地学等实践学科的人没有感性就谈不上理性，只有走遍黄土高原才能知道黄土高原是怎么回事，才能弄清楚它的外貌、特性和来源，才能知道黄河的泥沙是什么样的。做土壤和水土保持工作的人如果不到一线，就与研究工作建立不起感情。

在谈到现在的土壤学工作时，他最担心的是学生们读万卷书而没有行万里路。他认为老一代土壤学家在野外考察中获得了大量的一手资料，这些资料都是非常宝贵的积累，能够解决很多问题。

黄土高原的研究对于朱显谟来说就像自己的孩子，它的方方面面都被他看在眼里、装在心里，而他的工作态度和治学方法也在水保所产生了很大影响。水保所一直重视野外基地的建设，注重实验科学、用数据说话、讲究动手、讲究实验数据的长期积累和尺度效应已经成为水保所的传统。

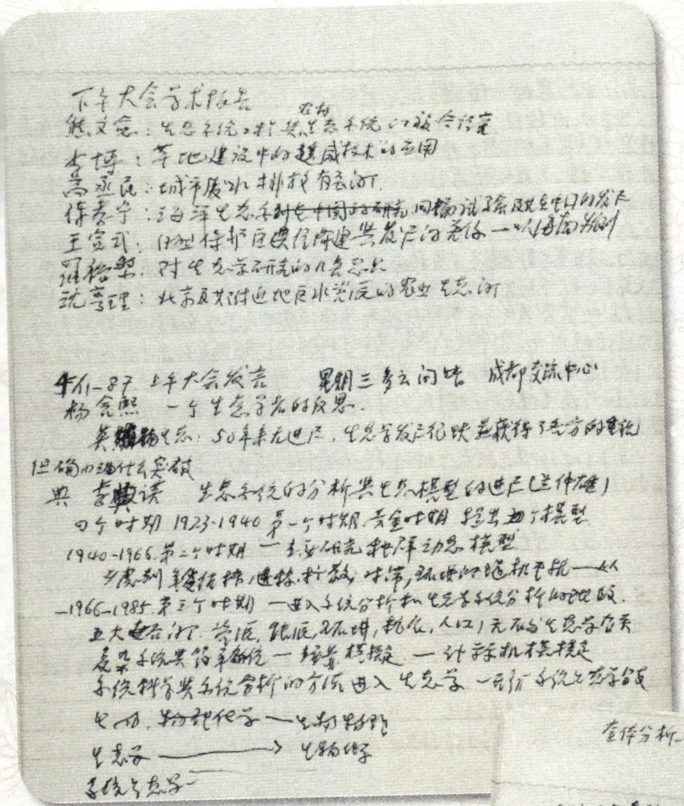

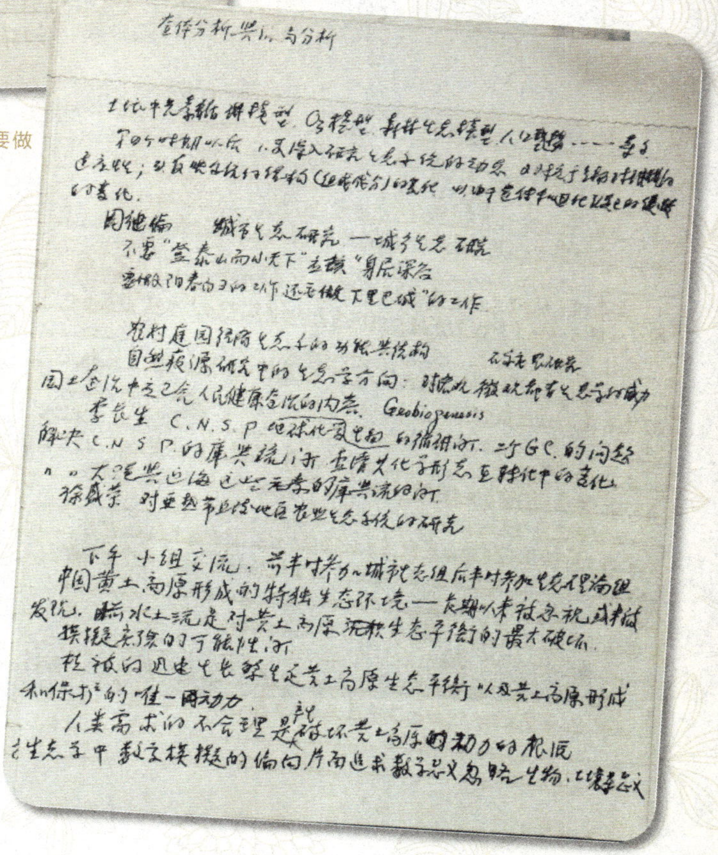

△▷朱显谟 1988 年的工作日记（强调要做“下里巴人”的工作）

土木和水运工程专家——刘济舟

刘济舟（1926 年 7 月—2011 年 8 月），生于北京，原籍河北滦县。1947 年毕业于天津工商学院。1995 年当选中国工程院院士。主持建设厦门海堤工程；主持领导了援助越南海防造船厂滑道、造船台和修船码头水工工程。主持日照港一期工程（10 万吨级煤码头）的建设，采用了开敞式（无防波堤）方案和 3300 吨沉箱座底浮坞下水新工艺；组织协调了秦皇岛港煤码头二期工程的设备制造、安装与调试工作，均获国家优质工程银质奖。主持了连云港散粮码头 7 万吨筒仓设备的安装与调试工作。组织领导“六五”“七五”技术攻关，其中真空预压软基加固、预应力钢筋混凝土大管桩和爆炸法施工等成果达到国内先进水平，并被广泛应用，取得了重大的经济效益和社会效益。参加长江口深水航道整治工程的咨询试验与审查工作。为中国的水运工程建设和水运工程学科水平的整体提升做出了重要贡献。

刘济舟爱工程如爱家，他的大部分时间都是在工地上度过的。妻子经常半戏谑、半埋怨地说：“他的老伴儿应该是个港口。”直至刘济舟退休，结婚 50 多年他们在一起的时间加起来不过 5 年，他甚至搞不清楚自己的孩子们怎么一下子都长大了！

1. 交通部的终身技术顾问

▷**船坞**是指修造船用的坞式建筑物，灌水后可容船舶进出，排水后能在干底上修造船舶。船坞可分为干船坞、注水船坞和浮船坞三类。

▷**湿法施工**是指采用预填骨料再升浆形成底板的底层，施工期抽水后再浇注钢筋混凝土底板面层的施工方法。

▷**干船坞**应用较多，一般所称的船坞即为干船坞。干船坞的三面接陆一面临水，其基本组成部分为坞口、坞室和坞首。

▷**升浆混凝土**是先注入砂浆后加粗集料，使砂浆上升而成型的混凝土。与普通混凝土相比，用水量较少，水灰比较小，粗集料用量多，节约水泥用量。

▷**扬压力**是指建筑物及其地基内的渗水对某一水平计算截面的浮托力与渗透压力之和。扬压力是一个铅直向上的力，它减小了重力坝作用在地基上的有效压力，从而降低了坝底的抗滑力。同时，坝体内也产生扬压力，从而影响坝体内的应力分布。

▷**抗浮**就是抵抗浮力。当建筑物（或部分）处在地下水位以下时，会像船一样有浮力产生，浮力的大小等于建筑物排开地下水的重量。当建筑物的自重小于浮力时，建筑物需要作抗浮处理，如加大建筑物的重量、采用抗拔桩等。

刘济舟主要是和水运工程打交道，年轻的时候当过钢筋工、脚手架工、混凝土工、木工、电工等。为了工作的需要，他还练习潜水，经常潜入水下 20 米左右检查海底工程实体质量情况。

刘济舟对工程监理的接触是从援外工程建设中开始的。监理人的素质要求较高，不仅要懂施工、设计、咨询等专业知识，还要懂管理、法律、合同、外语等。刘济舟是干施工出身的，对水运工程的施工环节比较了解，因而成为多个水运工程的监理人。1995 年 7 月，刘济舟被聘为交通部终身技术顾问，负责重大水运工程建设中关键问题的把关，为交通部决策提供技术支持。

作为大连中远船坞工程有限公司技术顾问，在大连益远港口**船坞**基地工程设计及施工过程中，刘济舟与设计、施工单位一起研究探讨了从结构设计方案到施工工艺的大量技术课题。针对船坞所在地大连棉花岛的地质条件，他建议益远船坞采用**湿法施工**。1995 年以前，国内的**干船坞**都采用传统的干法施工，直到这次大连中远船坞工程有限公司的 6 万吨级干船坞工程才首次出现了“湿法”施工工艺。

进入初步设计阶段后，设计单位认真吸纳了刘济舟的建议，按照湿法施工原则修改了设计方案。按照湿法施工要求，底板下要先做 5 米厚的**升浆混凝土**，以承受抽水后巨大的**扬压力**。为了增大升浆混凝土的**抗浮**重量，刘济舟提出采用容重更大的废金属矿石代替块石，这样，在同样满足抗浮稳定性的条件下可以减小升浆混凝土的厚度，自然也就减少了基岩**炸礁**量，可有效缩短工期、降低造价。经过对大连周边废铁矿石源及价格的调研和陆上模拟升浆试验，刘济舟关于采用废铁矿石的建议最终被设计单位采纳。

当时，湿法施工在国内属首次，在希腊和日本曾各有一例，且在施工过程中均发生了漏水事故。根据刘济舟的建议，工程正式施工前进行了系统的“预填**骨料**升浆混凝土专题试验研究”，取得了有关预填骨料升浆混凝土现实可行的技术指标及施工工艺参数等。同时参考希腊、日本的施工经验和有关规范，刘济舟制定了本工程的技术标准并在施工中加以实施。

益远船坞工程因采用湿法施工工艺，省去了施工期长、费用昂贵的**围堰**工程，避免了处理围堰止水、严重渗漏等复杂问题，节省工程投资2400万元，缩短工期1年以上。该工艺分别于1999年和2001年荣获中港集团科技进步奖二等奖和天津市科技进步奖三等奖。

作为交通部专家委员会委员，刘济舟对三峡工程中的有关问题也进行了技术把关。1996年3月，刘济舟参加交通部专家委员会会议，讨论三峡通航建筑物布置方案、施工通航和下游航道演变及整治问题，提出三峡工程三大任务“防洪、发电和通航”应同等对待；三峡的通航标准、灌泄水条件和淤积条件是影响通航的控制条件；以及泥沙治理“排、防、导、冲、挖”五项措施等。1997年9月，刘济舟担任《长江三峡工程库区航运规划报告》和《长江三峡工程库区水运设施淹没复建规划报告》审查会议综合

◁**炸礁**是用爆破的方法清除碍航的礁石，以改善航行条件的工程措施。

◁**骨料**亦称集料，指混凝土及砂浆中起骨架和填充作用的粒状材料。

◁**围堰**是指在水利工程建设中，为建造永久性水利设施而修建的临时性围护结构。其作用是防止水和土进入建筑物的修建位置，以便在围堰内排水、开挖基坑、修筑建筑物。

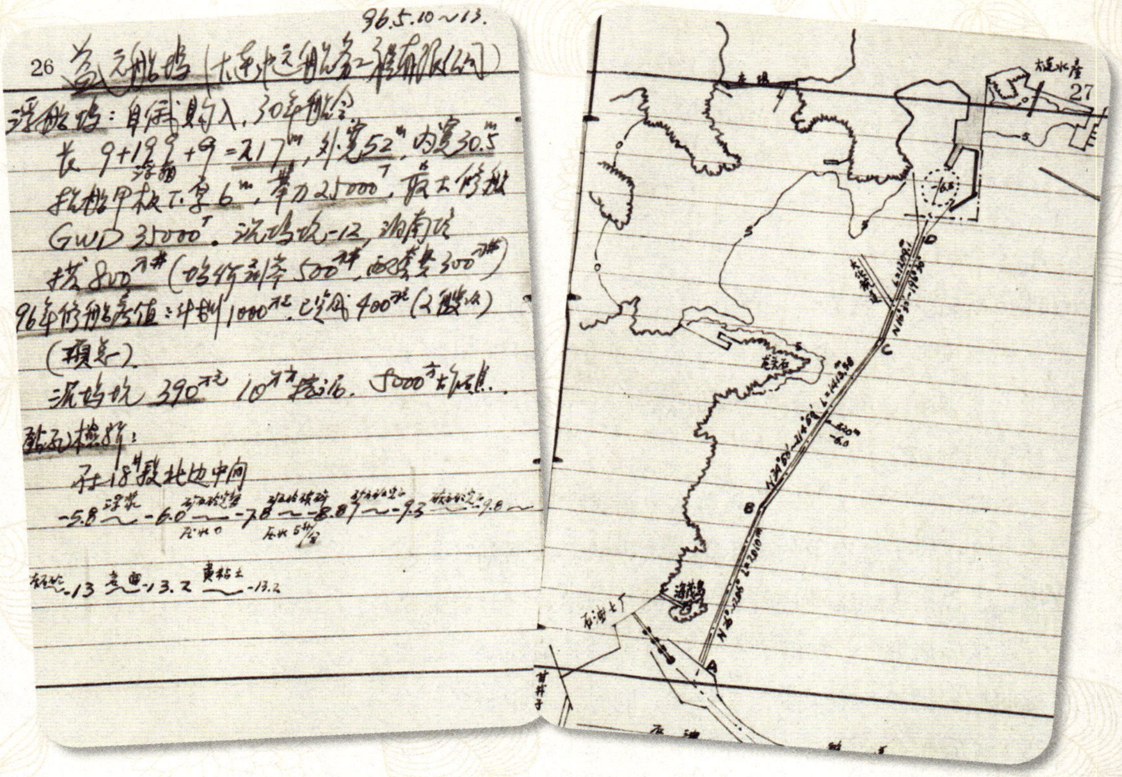

△ 1996 年 5 月，刘济舟参加益远船坞技术讨论会时的手稿

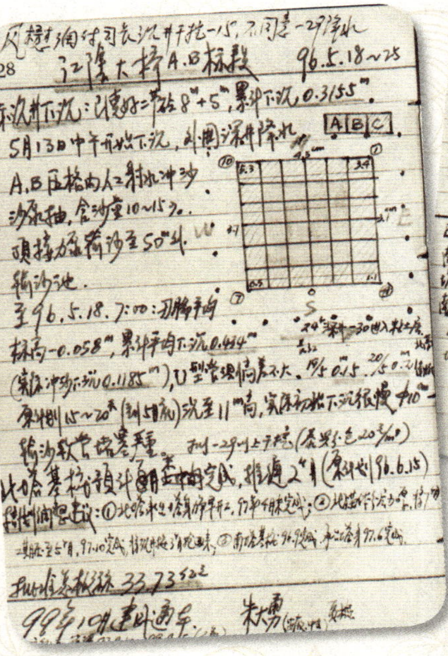

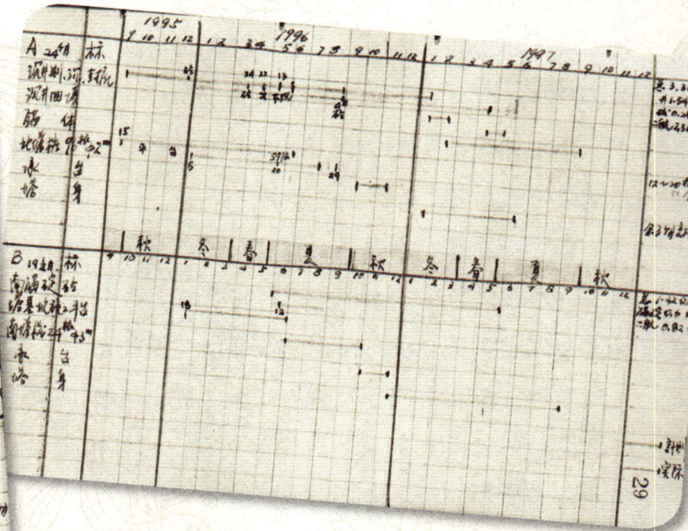

◁△刘济舟参加江阴大桥 AB 标段的会议手稿

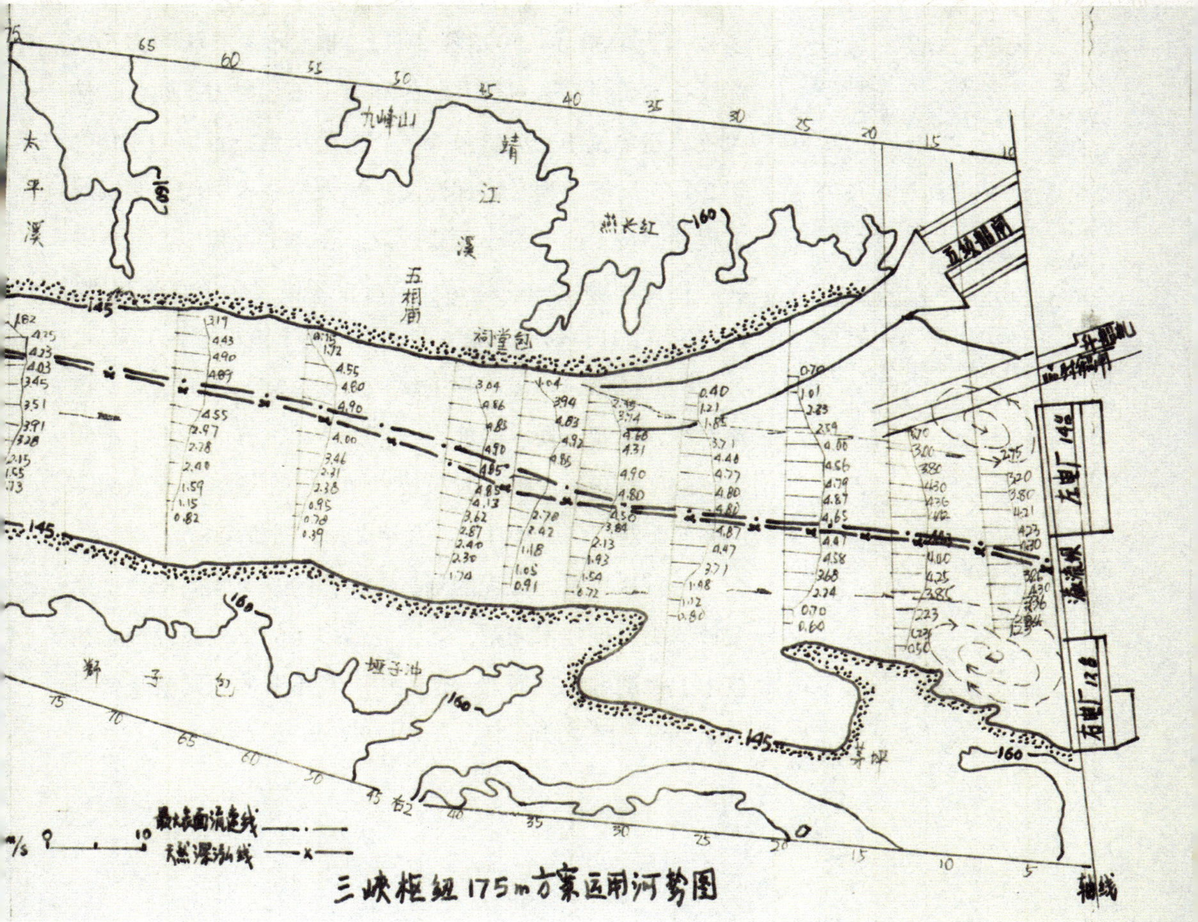

△刘济舟绘制的三峡枢纽 175 米方案运用河势图

组组长，对航运规划的思路、目标和格局提出了意见。

江阴大桥由中交第二航务工程局承建，是该单位承建的第一座具有真正意义的桥梁工程。当时由于技术条件差、缺少专业施工设备，工程建设举步维艰。当时已年过七旬的刘济舟在江阴大桥建设中给予了中交第二航务工程局很多技术上的指导。1995 年 8 月，刘济舟参加**江阴大桥** A 标段技术研讨会，对沉井制作和施工工艺提出了建议，被大桥承建单位中交第二航务工程局聘请为技术顾问。1996 年 2 月，又被聘为交通部江阴长江大桥技术顾问，多次对工程关键技术问题提出重要建议。在施工过程中，刘济舟在石棉瓦工棚里一住就是一个月，还屡屡爬上百米高塔。1997 年 12 月，刘济舟第 6 次来到大桥工地检查施工质量，处理沉井故障，指导工程进展。那天正赶上连绵雨天，道路泥泞，攀爬不便。但他不顾年迈体弱，冒雨登上三十几米高的**锚碇**顶端，现场解决技术问题。在巍峨巨大的锚碇沉井前，刘济舟反复叮嘱“百年大计，质量第一。”

一直从事水运工程的刘济舟，作为专家顾问指导桥梁领域解决关键技术问题，除了凭借多年的工程建设经验在技术上做到融会贯通外，他心中一直不变的原则就是要对国家、对人民高度负责。

▷ **江阴大桥**即江阴长江公路大桥，位于江苏省江阴市黄田港以东的西山与江苏省靖江市十圩村之间，是中国两纵两横公路中黑龙江同江至海南三亚的国道主干线和北京至上海国道主干线的跨江咽喉工程。江阴大桥桥型采用主跨为 1385 米的悬索桥，是我国第一座跨径超越千米的特大型钢箱梁悬索桥。大桥于 1994 年开工建设，1999 年 10 月建成通车。

▷ **锚碇**是承受悬索两端全部拉力的结构，一般由锚块基础、锚块、钢索的锚碇架及固定装置和遮棚等组成。

2. 奋战长江口深水航道治理工程

长江口深水航道治理工程是新中国成立以来投资规模最大的水运建设工程，工程历时13年，奠定了建设上海国际航运中心的基础。作为长江口深水航道治理工程专家顾问组副组长，刘济舟在长江口整治方案论证、一期工程、二期工程和三期工程建设中做出了重要贡献，在治理方案论证、工程实施、新型结构及大型水上专用作业设备研发等方面进行了全面指导与把关，对工程结构形式的选择及确定、新结构的现场试验等提出了关键性的指导意见。工程实施期间，已经70多岁的刘济舟仍亲临现场检查指导。在他的指导下，交通部颁布了七项专项标准作为长江口治理工程的基本技术法规。

◁**长江口深水航道治理工程**位于长江口南港和北槽河段，全长92.2千米、底宽350—400米、深12.5米。该项工程于1998年开始建设，分三期使长江口深水航道增深至8.5米、10.0米、12.5米。工程规模之宏伟是新中国成立以来水运工程之首。于2011年5月通过国家竣工验收，并进入常态化维护管理。

在长江口施工就如同在海面上施工，自然条件极其恶劣。工程全面开工前要先期进行试验段施工，这对整个工程能否顺利实施相当关键。刘济舟多次强调在长江口进行先期试验段工程的必要性。1998年2月，他绘制了长江口试验段工程中采用的整治建筑物的结构型式。同年4月，又对试验段工程初步经验进行五个方面的总结，提出了12条建议。

2002年4月，长江口治理二期工程正式开工。二期工程的主要内容是**整治建筑物**施工。由于施工现场不断向外海扩展，面临的风浪流（风、浪和潮流）影响加大，施工难度也更大。在这种条件下，如何安全建成**导堤**是工程施工的关键问题。二期导堤施工条件最差的当属北导堤，主要表现为波浪大且地基软弱。在这种环境条件下，采用何

◁**整治建筑物**是为稳定或改善河势、调整水流所修建的水工建筑物。

◁**导堤**是建在河口拦门沙区航道一侧或两侧的堤工，用来束导水流、冲刷泥沙、增加或保持进港航道水深。

种结构一度成为困扰工程技术人员的最大难题。为此，刘济舟收集了采用陆上推进法施工的英国防波堤的有关资料，还从《赴日考察钢圆筒下沉考察报告》中摘选了部分关于钢圆筒结构的技术资料。该报告对日本应用钢圆筒的几个主要工程实例、结构主要尺寸、设计要素和圆筒下沉的施工条件等均做了介绍。在他的建议下，交通部决定实施大圆筒结构试验段工程。刘济舟参与了详细的试验方案研究与制定，对设计方案提出了审查意见并绘制了大圆筒结构图。

试验段工程实施前，刘济舟对直接在长江口距岸 50 千米外的地方实施四个大圆筒下沉施工深感担忧。他建议先在长江口内选一地质条件与试验段现场相似的地点，实施一个大圆筒的**震沉试验**，以对整套震沉工艺做一次检验。建议得到长江口公司领导的一致赞同。试验地点选在横沙岛东南水域。在横沙水域试沉第一个大圆筒时，震动锤起震后很长时间“震而不沉”，好不容易打入土中几米后，又拔不出来。一航局施工人员连夜开会分析，直到后半夜才找到原因——下沉过程中大圆筒实时入土深度的信息传递滞后，造成**软体排**被带入筒底产生阻力。第二天，针对震沉试验中出现的问题，刘济舟提出了试验段施工的严格要求：先让潜水员在水下将大圆筒下沉位置处的软体排割除，消除软体排可能带入筒底产生阻力的风险，并要求将割除的软体排拿出水面，必须见到割除的软体排才放心。按刘济舟的要求操作后，试验段工程四个大圆筒全部顺利下沉。

随后进行的 2 号大圆筒水平拉力稳定性试验更是险象环生。试验段的施工现场在长江口陆岸外 50 千米的茫茫大海上。当时是 2002 年 3 月，天气很冷，外海风大浪高，条件非常恶劣。彼时，刘济舟已 76 岁，他被安排在座底

▷**震沉试验**是模拟受到地震力作用时强度变化的试验，以分析建筑物受地震影响而破坏的原因，并提供振动强度调整系数建议值。

▷**软体排**是采用特殊材料和编织工艺加强强度的编织布，沿水下地形展铺，用块石或混凝土块体压载的排体。其最大功能是适应河（海）床变形，常用作坝（堤）体护底，防止水流淘刷坝（堤）底脚，在水下工程中广泛应用。

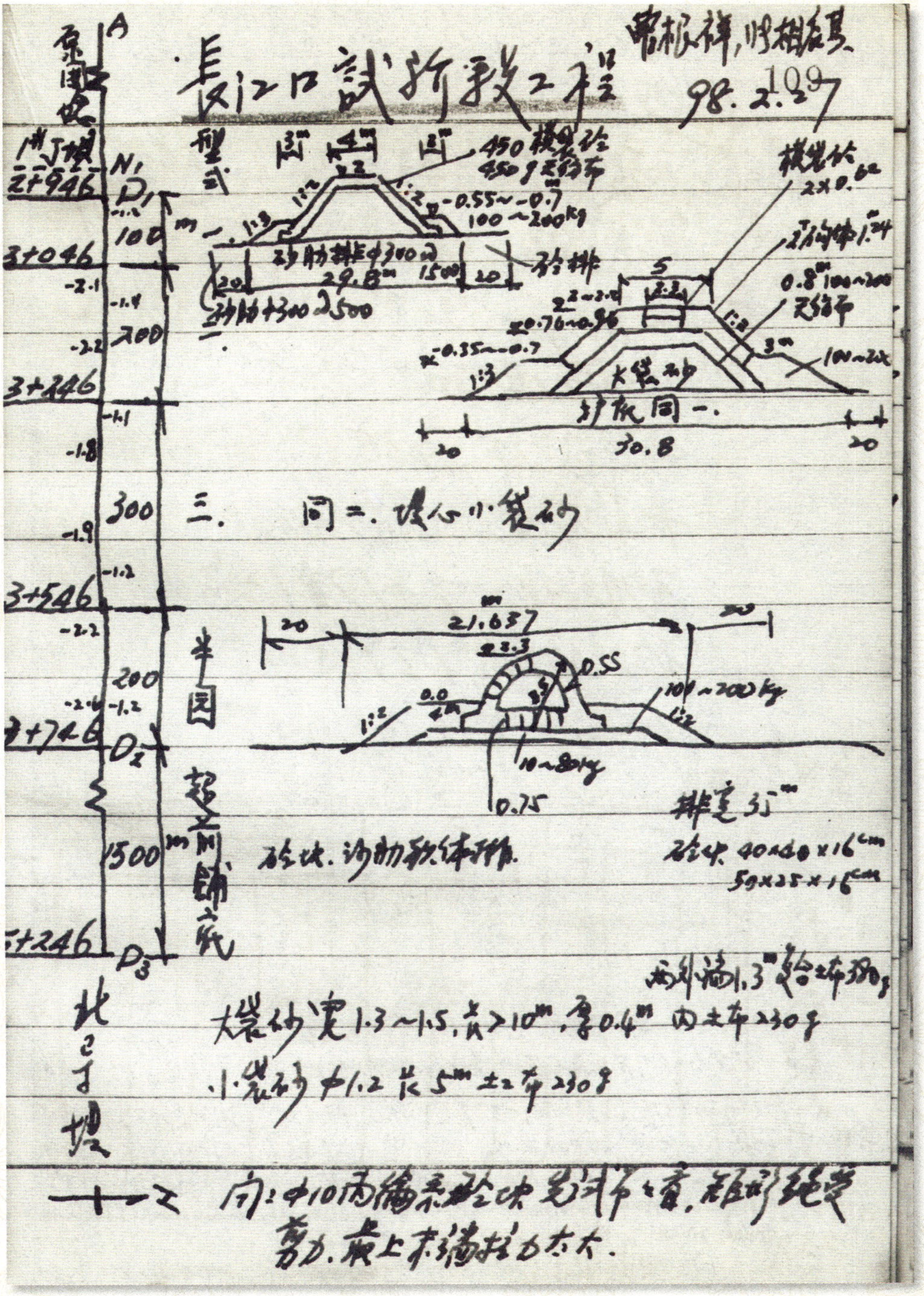

△刘济舟绘制的长江口治理工程试验段结构草图

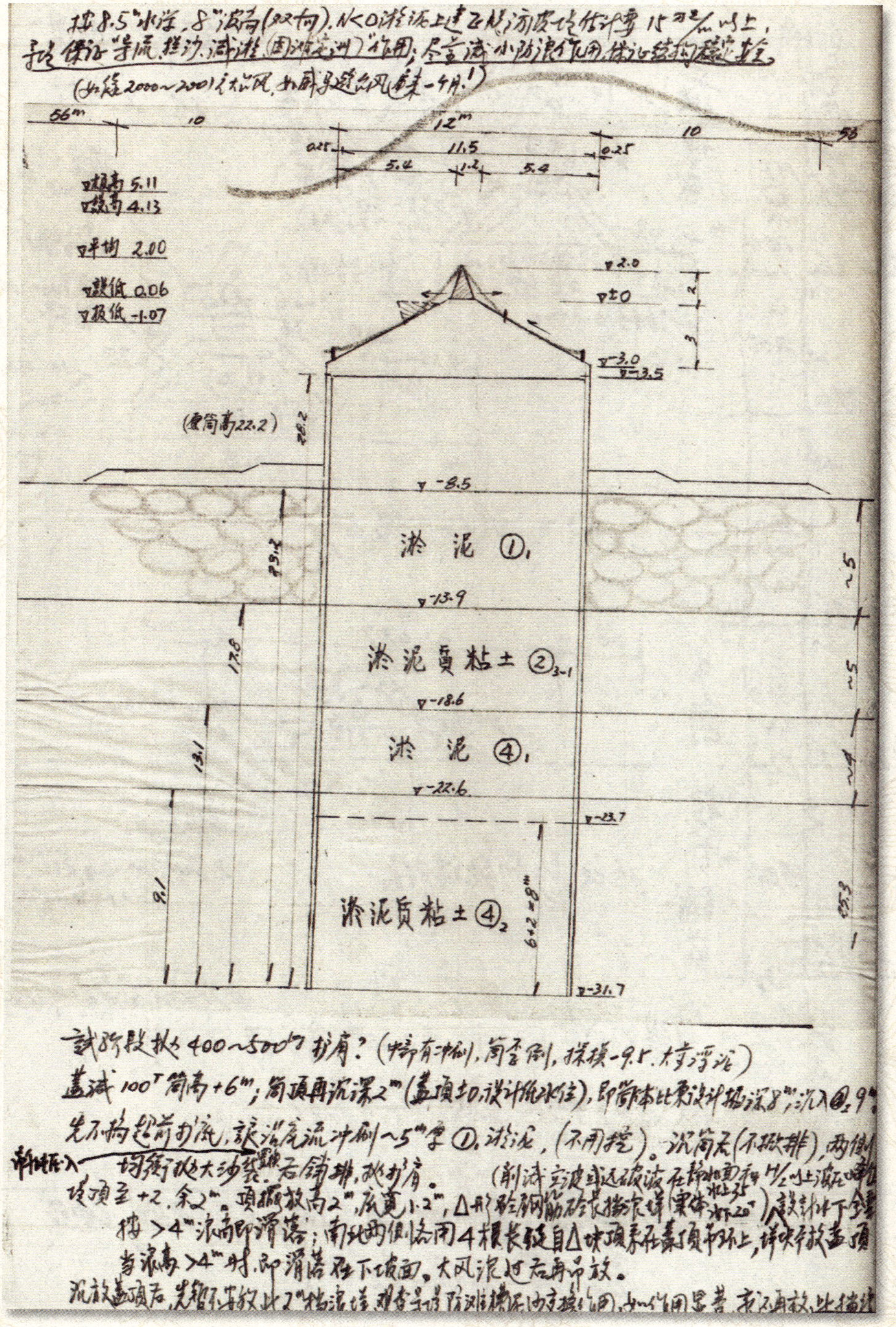

△刘济舟审查《长江口深水航道治理工程二期工程整治建筑物工程结构初步设计方案》的手稿

式**定位船**的一个船舱里。谁知后半夜突然刮起大风，1500吨的**起重船**走锚了，高大的起重船冲着定位船快速地压了过去，场面异常紧张。但没想到的是，起重船撞到定位船的时候，定位船只轻轻晃了一晃。众人感到十分诧异。凭经验，那么大的船以那么快的速度撞过来，撞击力应是很大的，怎么会只是轻轻一晃呢？大家跑到船边一看，在两船相撞位置处正好停有一艘测量小艇，已被挤压得严重变形。测量船成了两船相撞的缓冲垫，起到了保护定位船的作用，从而救了大家的性命。

长江口深水航道治理工程是我国河口治理工程的伟大创举。工程实施过程中先后遇到各种重大工程技术难题，在刘济舟的技术指导和密切参与下，科研、设计和施工单位开展技术攻关，通过科学研究及时对设计方案做出了重大调整，经受住了长江口一次次台风巨浪的考验，实现了航道治理目标，并确保了工程质量优良。2011年5月，长江口深水航道治理三期工程在上海顺利通过竣工验收。在交通运输部召开的长江口深水航道治理工程建设总结表彰大会上，刘济舟被授予“长江口深水航道治理工程建设杰出人物”称号。

◁**定位船**是在流速较大水流中，在导向船上下游设置固定其位置的驳船。

◁**起重船**又称浮吊，主要用于大件货物的装卸。船上有起重设备，起重量一般从数百吨至数千吨。

分析化学家——陆婉珍

陆婉珍（1924 年 9 月—2015 年 11 月），生于天津，原籍上海。1946 年毕业于中央大学化工系，1949 年获美国伊利诺伊大学化学硕士学位，1951 年获美国俄亥俄州立大学化学博士学位。1953—1955 年在美国玉米产品精制公司任研究员。石油化工科学研究院教授级高级工程师。1991 年当选中国科学院学部委员（院士）。长期从事分析化学及石油化学的研究工作。主持系统评价了中国原油资源，并出版《中国原油的评价》，为原油合理加工提供了科学依据。指导建立了从天然气到渣油的整套组成分析方法，其中开发弹性石英毛细管色谱柱，并研究成功新型填充毛细管色谱法快速分析炼厂气及新型多孔层毛细管色谱法分析汽油中不同碳数的烃组成等成果有所创新。1995 年以来致力于近红外光谱仪的研制及应用。被誉为我国近红外光谱学科的创始人之一和我国近红外光谱技术的领路人。

科学成绩是常年的累加，而不是一朝一夕的辉煌。要想成功，必须抛却功利心。不论做学问、做人，都不要太功利，不要太浮躁，要顺其自然，从点滴做起，功夫到了，自然会积涓流以成大海。

——陆婉珍

1. 投身石油分析事业　制成我国首根石英毛细管色谱柱

▷ **闵恩泽**（1924.02—2016.03），中国科学院院士、中国工程院院士、第三世界科学院院士。主要从事石油炼制催化剂制造技术领域研究，是我国炼油催化应用科学的奠基者、石油化工技术自主创新的先行者、绿色化学的开拓者，在国内外石油化工界享有崇高声誉。

▷ **重油**是原油提取汽油、柴油后的剩余重质油，其特点是分子量大、黏度高。其成分主要是碳氢化合物，另外含有部分的硫黄及微量的无机化合物。

▷ **轻油**又称石脑油，是石油提炼后的一种油质产物，通常由原油直接蒸馏得到，也可以由二次加工汽油进行加氢精制后获得。主要用作化肥、乙烯生产和催化重整原料，也可用于生产溶剂油或作为汽油产品的调和组分。

▷ **光谱分析**是根据物质的光谱来鉴别物质及确定其化学组成和相对含量的方法。其优点是灵敏、迅速。历史上曾通过光谱分析发现了许多新元素，如铷、铯、氦等。

▷ **元素分析**是研究有机化合物中元素组成的化学分析方法，分为定性、定量两种。前者用于鉴定有机化合物中含有哪些元素；后者用于测定有机化合物中这些元素的百分含量。

1955 年，陆婉珍与丈夫**闵恩泽**毅然放弃在美国的优越生活和科研条件，克服重重困难回到祖国。当年年底，陆婉珍被分配到石油工业部北京石油炼制研究所筹建处，具体负责油品分析研究室的筹建工作。从那时起的半个多世纪里，陆婉珍一直从事与炼油和化工有关的分析工作。她千方百计从人员培养、仪器购置、项目安排等方面同时入手，在短短几年时间内便建成了门类较为齐全、人员配套完整的分析研究室。根据学科和任务情况，她在分析研究室内相继组建原油评价、**重油**组成、**轻油**组成、气体组成、**光谱分析**和**元素分析**等课题组，搭建起了较为完整的油品分析技术平台。

由于石油化工样品的特点，气相色谱技术从诞生之日就与石油工业结下了不解之缘。20 世纪 60 年代，我国第一套自行设计的催化重整工业装置在大庆开工，我国第一套**流化催化裂化**工业装置在抚顺开工，陆婉珍主持分析工作，利用**气相色谱**技术发现并解决了装置开工期间遇到的重大产品质量问题，为装置的顺利投产起到了关键作用。

1979 年，国外发表的一篇制作石英毛细管**色谱柱**的报道引起了陆婉珍的高度关注。与传统的玻璃色谱柱相比，石英色谱柱具有无可比拟的优点。多年的色谱研发工作经历让她意识到，这是一项有前途和实际应用价值的技术，将会给色谱技术带来一场重大的技术革新。同年 5 月，陆婉珍同事从国际第三届毛细管色谱会上带回了一段石英毛细管色谱柱。这根实实在在的小柱试样令陆婉珍感受到石英毛细管色谱柱的时代已经到来，必须组织我国科研人员研发这种色谱柱。她先是带领技术人员在国内找到了有能力拉制这种色谱柱的科研单位。然后采用独创方法制备成功了石英毛细管色谱柱，并将自行研制的这种色谱柱用于极性化合物及石油组成分析，得到了峰形对称、分离很好的色谱图，大大简化了色谱仪器的结构设计。在研制过程中，研究人员考察了不同类型的原料加热炉，研制了多种必须涂覆在柱管外层的涂料，以保证柱管有足够的强度。同时，他们还研究了多种色谱柱的涂渍方式，从而形成了一套完整的弹性石英毛细管柱制作技术。这种工艺制备的弹性石英毛细管柱呈透明金黄色，比国际市场上供应的色谱柱颜色浅得多，非常便于观察**涂渍固定液**的过程。1980年，这项技术通过技术鉴定，达到当时的国际先进水平。这是我国首次开发成功石英毛细管色谱柱，为毛细管色谱技术立足国内开了先河。

石英毛细管色谱柱研制成功后，还需商品化。由于毛细管色谱柱用量小、制作工艺烦琐、成本高，国内很多生产通信光纤的厂家都不愿意制作。陆婉珍经多方寻找和商谈，终于找到一家企业愿意生产加工，并在陆婉珍等人的指导下，成功拉制出合格的弹性石英毛细管柱并实现批量生产。该色谱柱具有惰性、高效和稳定等特点，在石油地质、石油化工、食品、农药和环保等领域中迅速得到应用，解决了许多疑难分析问题。从此之后，石英毛细管色谱柱逐步在我国得到广泛研究和应用，色谱柱的种类不断增加，性能也逐渐提高，为促进我国气相色谱分析技术的长足进步发挥了重要作用。

◁**流化催化裂化**是石油精炼厂中最重要的转化工艺之一。被广泛用于将石油原油中高沸点、高分子量的烃类组分转化为更有价值的汽油、烯烃气体和其他产品。

◁**气相色谱**是20世纪50年代出现的一种新的分离、分析技术，在工业、农业、国防、建设、科学研究中得到了广泛应用。石油化学工业中的大部分原料和产品都可采用气相色谱法进行分析。

◁**色谱柱**是在色谱分离时起关键作用的设备，是色谱系统的心脏。由柱管、压帽、卡套（密封环）、筛板（滤片）、接头、螺丝等组成。可分为填充柱和开管柱两大类，多由金属或玻璃制作。

◁**涂渍固定液**是指将固定液涂布于载体表面的操作过程。其目的是使少量固定液均匀、牢固地分布于有巨大表面积的载体上。涂渍质量的好坏直接影响色谱柱效能。

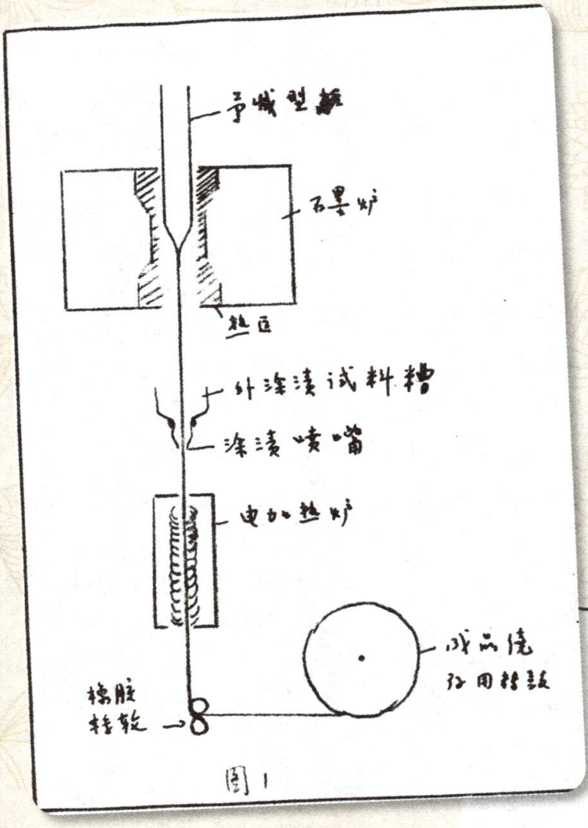

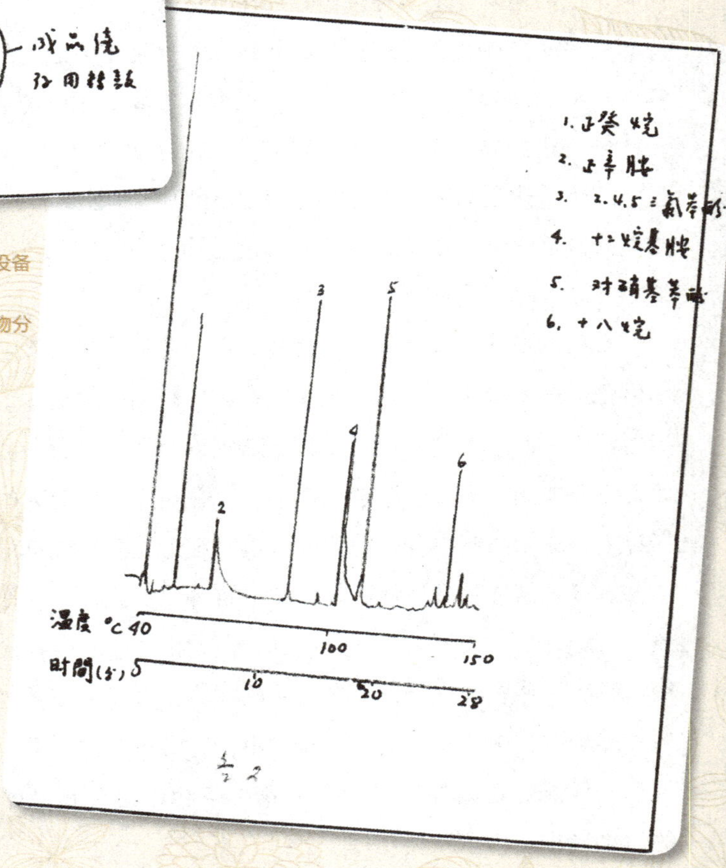

△ 1980 年陆婉珍绘制的石英毛细管拉制设备流程图

▷ 1980 年陆婉珍绘制的毛细管柱对混合物分离的色谱图

2. 主持我国原油评价工作　为合理利用原油资源做贡献

新中国成立前，我国**原油评价**工作的基础很弱。新中国成立后不久，石油管理部门便开始着手建立中国自己的原油评价队伍。1960 年，石油化工研究院将原油评价和油品分析合并为第一研究室，陆婉珍担任室主任。从此，陆婉珍组织、指导这支团队开始对我国发现的各种原油进行科学系统评价，并结合原油评价过程中遇到的新问题开展了一些具有前瞻性的基础研究工作。尤其是她建立的分析平台在原油评价工作中派上了大用场。

1960 年大庆油田发现后，陆婉珍带领原油评价课题组陆续对由南到北的各个油区的原油进行评价。1964 年，配合大港油区开发工作，又进行了不同层位和各个油田的原油评价。1965 年，配合胜利油区的会战，陆婉珍带领原油评价组先后对十多个产油田的原油进行分析和评价。评价结果表明，胜利油区油田多，地质构造复杂，不但各油田间原油性质差异较大，即使同一油田其各井之间的原油性质也有较大差异，这一结论为胜利炼油厂的建设提供了设计依据。

1966 年，为援助阿尔巴尼亚，陆婉珍带领原油评价组对阿尔巴尼亚原油进行了详细评价，还与上海石油机械厂合作，在借鉴全苏石油研究所的**实沸点蒸馏仪**的基础上，研制出了我国自己的原油实沸点蒸馏仪。此后，原油评价组又先后配合华北油区、江汉油区、辽河油区、南阳油区、中原油区的勘探和开发工作，进行了上百个原油的分析和评价，并在对原油评价数据进行归纳总结的基础上解决了很多炼厂遇到的实际生产技术问题。

“文化大革命”后期，陆婉珍基于前期的原油评价数据，

◁**原油评价**是在实验室条件下采用蒸馏和分析手段对原油（未经提炼的石油）及其馏分油进行测试，从而全面掌握原油的性质、组成及类别以及馏分油的产率及性质，为选择合理的石油炼制工艺提供可靠的依据。从狭义上讲，原油评价是一项利用现有成熟方法和设备对原油品质进行分析的常规分析工作；从广义上讲，所有的石油分析研究工作都可看作是原油评价的内容，都是为原油评价服务的。原油评价是石油炼制加工流程研究的“龙头”，是炼油科研工作的基础，其位置和作用是极其重要的。

◁**实沸点蒸馏仪**是一种用于化学、工程与技术科学基础学科、能源科学技术、化学工程领域的工艺试验仪器，主要用于完成煤焦油馏分段的切割和收集工作。

▷ 1978 年陆婉珍撰写的《我国原油组成的特点》手稿

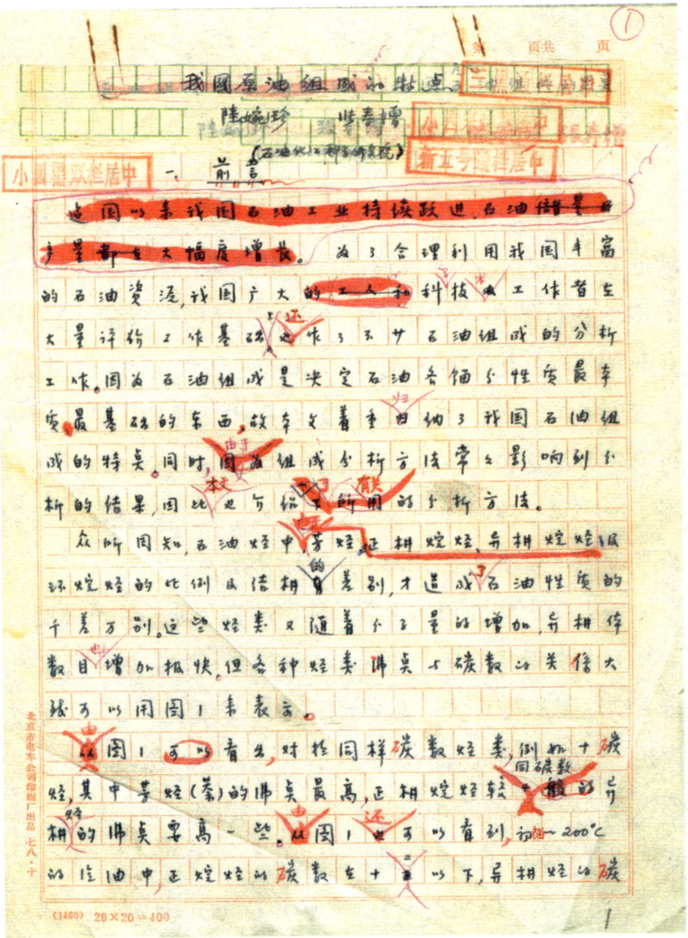
我国原油组成的特点

陆婉珍 柴春娟

（石油化工科学研究院）

一、前言

近年以来我国石油工业持续跃进，石油储量与产量都在大幅度增长。为了合理利用我国丰富的石油资源，我国广大的工人和科技工作者在大量评价工作基础上还作了不少石油组成的分析工作。因为石油组成是决定石油各种性质最本质最基础的东西，故本文着重归纳了我国石油组成的特点。同时，由于组成分析方法常常影响到分析的结果，因此也简略介绍所用的分析方法。

众所周知，石油烃中芳烃、正构烷烃、异构烷烃及环烷烃的比例及结构的差别，才造成了石油性质的千差万别。这些烃类又随着分子量的增加，异构体数目增加极快。但各种烃类沸点与碳数的关系大致可以用图1来表示。

由图1可以看出，对于同样碳数烃类，例如十碳烃，其中芳烃（萘）的沸点最高，正构烷烃较同碳数异构的沸点要高一些。由图1还可以看到，初馏～200°C的汽油中正烷烃的碳数在十二以下，异构烃的碳

系统整理和归纳了我国原油的特点，撰写文章《我国原油组成的特点》发表在 1979 年《石油炼制》上，并被日本《石油与石油化学》杂志译载。该文迄今仍被广泛引用，是陆婉珍经典的学术代表作之一。

20 世纪 70 年代末，根据炼厂工艺和科学研究对原油评价内容提出的新需求，陆婉珍在原油评价中逐渐加强了石油组成的分析研究，原油评价内容逐步从炼油扩大到原油的化工利用。这些新的评价数据加深了对我国原油的认识。

陆婉珍长期主持我国原油评价工作，逐步建立了完整

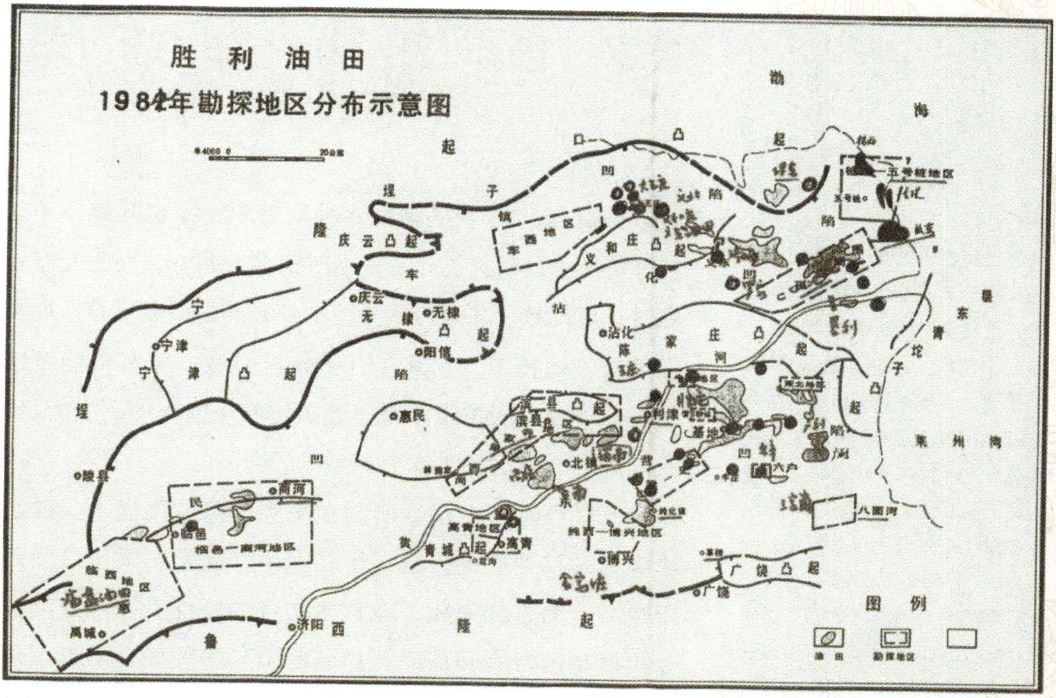

△ 1984 年陆婉珍绘制的胜利油田各油区分布图

的原油评价体系，对我国发现的各种原油进行了科学系统的评价，组织汇编了 8 册《中国原油评价》。该书系统总结了石油化工科学研究院以及我国其他少数单位几十年的原油评价成果，汇集了大庆、胜利、大港、辽河、扶余、华北、新疆、江汉、玉门、长庆、青海、延长等几乎我国所有油区的原油评价结果，其中的绝大部分数据都是在陆婉珍领导建立的分析平台上完成的。这些系统、完整的评价数据为合理利用我国原油资源发挥了重要作用，被列入国家重要科技成果。

此后，结合原油评价过程中遇到的新问题，陆婉珍指导科研人员和研究生开展了具有前瞻性和实际意义的基础研究工作。成功研制出**电量法**测定硫、氮、氯、水、盐等的分析技术，为工艺过程的控制做出重要贡献。这些技术在国内各大炼厂得到推广应用，填补了我国的技术空白。其中的不少方法都具有创新性，处于当时国际先进水平。

◁**电量法**是指在恒定电势下，根据法拉第电解定律，用电解消耗的总电量来确定被电解物质的量。

3. 开发近红外光谱技术 创新石化行业标准分析方法

1994 年，71 岁的陆婉珍独具慧眼，决定开展一项新型分析技术的研究工作——当时很多人并不看好的**近红外光谱分析技术**。陆婉珍认为近红外光谱是一项极具发展和应用前景的技术，尤其在石化分析领域，极有可能掀起一场分析效率的技术革命。她决定基于国内的研发力量，开发成套的近红外光谱分析技术。

根据当时国内仪器研制水平和实际应用需求，陆婉珍确定了仪器研制方案，组建了研发团队，采用产学研用相结合的方式完成了该技术必备的硬件、软件及油品分析模型的研究和商品化；研制出了多种成套的近红外光谱仪，并在**蒸汽裂解**、**催化重整**和**汽油调合**等工业装置上得到实际应用，为炼厂**先进控制系统**和优化控制系统及时、准确地提供分析数据，给企业带来了可观的收益。

为编制商品化的**化学计量学**软件，陆婉珍还组织课题组深入开展用于光谱分析的化学计量学方法研究。她与课题组的科研人员一起，从基本的**矩阵**运算和统计学学起，定期邀请国内相关专家讲学，研读经典化学计量学书籍，查阅最新化学计量学算法，在不到半年的时间内就掌握了用于近红外光谱分析的所有基本算法。

1997 年，陆婉珍领导的近红外光谱课题组在建立**汽油烯烃、芳烃**分析模型时，遇到传统方法提供基础数据慢且重复性差的问题，无法及时准确地对近红外分析模型进行维护。误差范围比较大会对炼油催化剂和工艺的研究、生产过程的控制以及产品的质量监测带来许多不利影响，为此，陆婉珍决定再研制一套测定汽油烯烃和芳烃的多维气

▷ **近红外光**是介于可见光和中红外光之间的电磁波。由于近红外光在常规光纤中有良好的传输特性，且其仪器较简单、分析速度快、非破坏性和样品制备量小、几乎适合各类样品分析、多组分多通道同时测定等特点，成为在线分析仪表中的一枝独秀。**近红外光谱分析技术**是 20 世纪 90 年代以来发展最快、最引人注目的分析技术之一。随着化学计量学、光纤和计算机技术的发展，在线近红外光谱分析技术正以惊人的速度应用于包括农牧、食品、化工、石化、制药、烟草等在内的许多领域。

▷ **蒸汽裂解**是指石油中的乙烷、汽油、柴油等在高温（750℃以上）和水蒸气存在的条件下发生分子断裂和脱氢反应，伴随少量聚合、缩合等反应过程。

▷ **催化重整**是指在有催化剂作用的条件下，对汽油馏分中的烃类分子结构进行重新排列组成新的分子结构的过程，是石油炼制过程之一。

▷ **汽油调合**是指调和汽油的生产过程。目前进入市场的车用汽油不是由某一单独的炼油工艺加工过程生产的，而是由原油蒸馏过程生成的汽油组分及许多二次加工过程生产的汽油组分调合而成。这种由两个组分以上调合而成的汽油叫作调合汽油。

相色谱系统。

20 世纪 80 年代中期，陆婉珍曾指导科研人员研制出用硫酸铜作烯烃吸附剂的色谱柱，但这种类型的色谱柱稳定性相对较差。20 世纪 90 年代初，她指导研究生研制出用于液相色谱分离柴油烯烃的色谱柱。上述这些研究工作为新时期研制新型汽油烯烃**捕集阱**在思想认识和科学技术上做了充足而必要的准备。

此后数年，陆婉珍与她的学生们开展了大量的研究工作，提出了新的烯烃捕集阱研制路线，对烯烃捕集阱的制备进行技术改进，使捕集阱的性能有了较大提高；研制出专门测定汽油中烯烃总量、芳烃总量和苯含量的多维气相色谱仪，形成了集仪器、方法和软件为一体的成套分析技术，使汽油分析速度和方法的再现性得到明显改善，分析成本也大大降低。2004 年，“汽油中烃族组成测定法（多维气相色谱法）”通过中石化组织的技术鉴定，被批准为我国石油化工行业的标准分析方法，成为评定成品汽油质量的方法之一，目前已在几十家石化企业得到实际应用。

在陆婉珍的指导下，目前已建成了包括原油在内的较为完备的油品近红外模型数据库，不仅用于炼油企业，而且在国防建设上得到应用。陆婉珍也被公认为我国近红外光谱学科的创始人之一和我国近红外光谱技术的领路人。

◁**先进控制系统**是除传统的单回路控制和串级、前馈、比值等复杂控制系统外，打破传统方法束缚的控制系统。

◁**化学计量学**又称化学统计学，是一门通过统计学或数学方法在化学体系的测量值与体系状态之间建立联系的学科。它应用数学、统计学和其他方法与手段（包括计算机），选择最优试验设计和测量方法，并通过对测量数据的处理和解析，最大限度地获取有关物质系统的成分、结构及其他相关信息。

◁**矩阵**是高等代数中的常见工具，也常见于统计分析等应用数学学科中。在数学中，矩阵是一个按照长方阵列排列的复数或实数集合。矩阵的运算是数值分析领域的重要问题。将矩阵分解为简单矩阵的组合可以在理论和实际应用上简化矩阵运算。

◁**烯烃**和**芳烃**是汽油中辛烷值（汽油燃料抵抗震爆的指标）的主要贡献者。由于烯烃的化学活性高，会通过蒸发排放造成光化学污染；同时，烯烃易在发动机进气系统和燃烧室形成沉积物。芳烃也能增加发动机进气系统和燃烧室沉积物的形成，并促使一氧化碳等有害气体排放增加，尤其是增加苯的排放。因此，在汽油标准中对芳烃和烯烃都有严格限制。

◁**捕集阱**即超净气体净化装置。

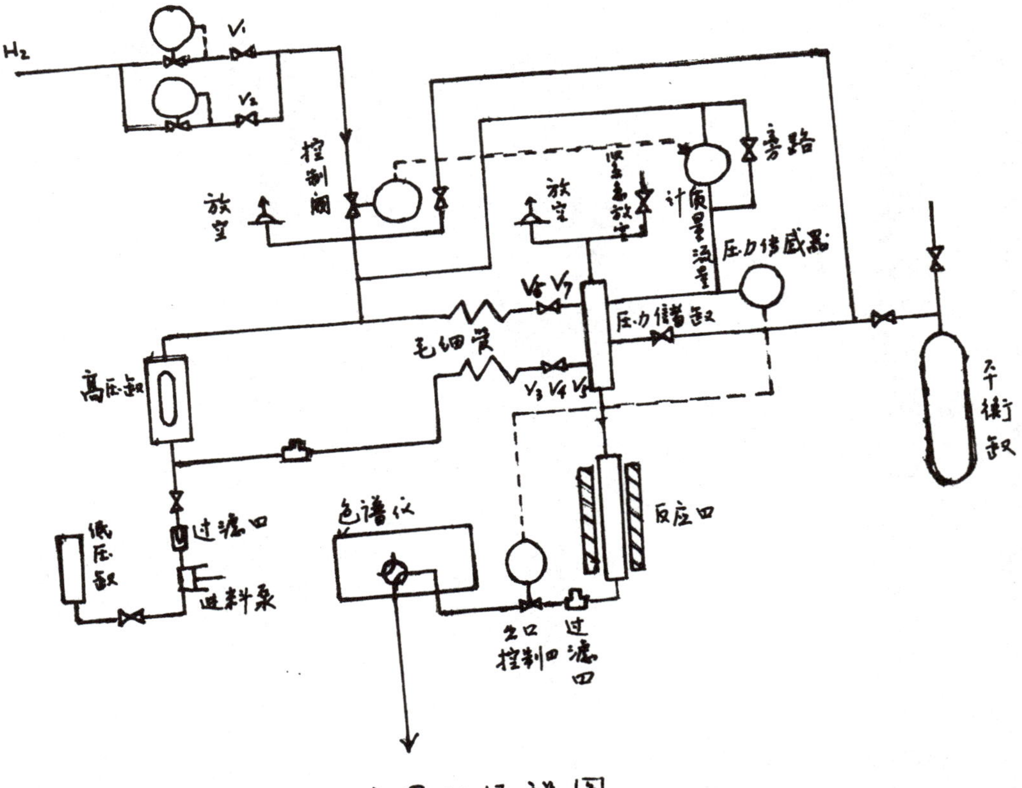

图1b. 微反应器的流程图

△陆婉珍设计的色谱微反应器的流程图

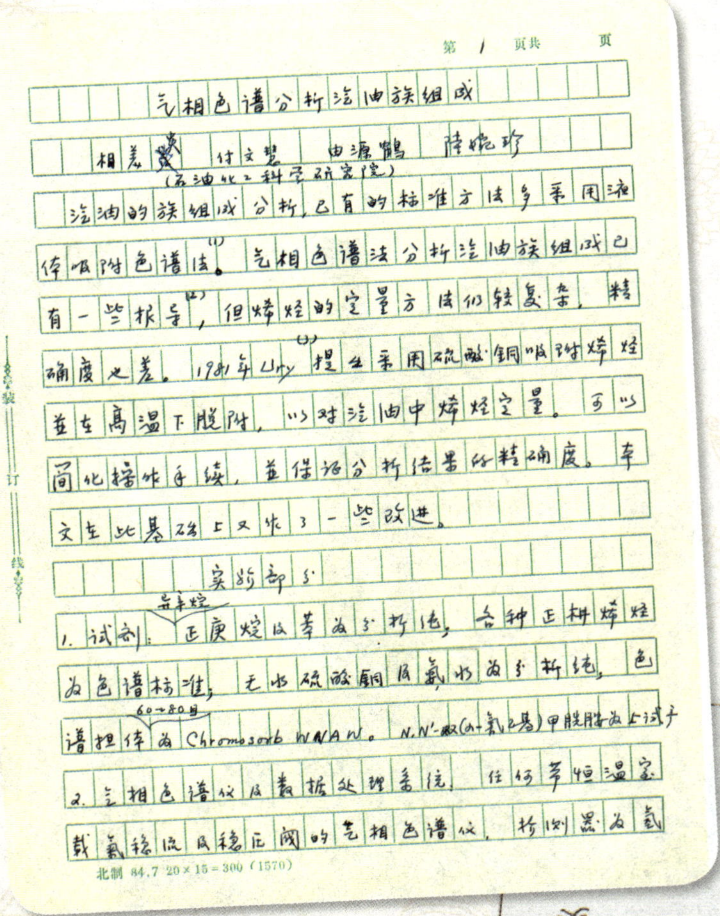
第 1 页共 页

气相色谱分析汽油族组成

相美娥 付文慧 曲源鹤 陆婉珍

(石油化工科学研究院)

汽油的族组成分析，已有的标准方法多采用液体吸附色谱法[1]。气相色谱法分析汽油族组成已有一些报导[2]，但烯烃的定量方法仍较复杂，精确度也差。1981年Liny[3]提出采用硫酸铜吸附烯烃并在高温下脱附，以对汽油中烯烃定量。可以简化操作手续，并保证分析结果的精确度。本文在此基础上又作了一些改进。

实验部分

1. 试剂：正庚烷（异辛烷）及苯为分析纯，各种正构烯烃为色谱标准；无水硫酸铜及氨水为分析纯。色谱担体为Chromosorb WNAW（60~80目）。N,N'-双(α-氰乙基)甲酰胺为上试厂

2. 气相色谱仪及数据处理系统：任何带恒温室载氢稳流及稳压阀的气相色谱仪，检测器为氢

北制 84.7 20×15=300（1570）

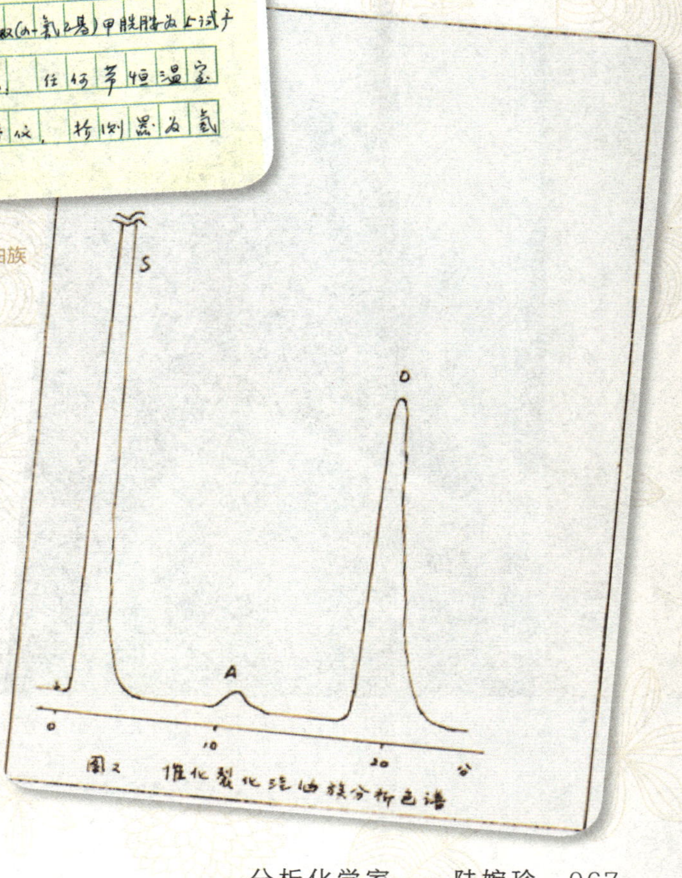

△▷ 1984 年陆婉珍撰写的《气相色谱分析汽油族组成》手稿

量子化学

无机和物理化学家——徐光宪

徐光宪（1920 年 11 月—2015 年 4 月），生于浙江绍兴。1944 年毕业于上海交通大学化学系，1951 年获美国哥伦比亚大学博士学位。北京大学化学学院教授，稀土材料化学国家重点实验室学术委员会名誉主任。1980 年当选中国科学院学部委员（院士）。长期从事物理化学和无机化学的教学和研究，涉及量子化学、化学键理论、配位化学、萃取化学、核燃料化学和稀土科学等领域。与合作者在量子化学领域中提出了原子价的新概念 nxcπ 结构规则和分子的周期律、同系线性规律的量子化学基础和稀土化合物的电子结构特征；创建了“串级萃取理论”，并与严纯华等深入发展这一理论，在全国普遍推广应用，使我国单一高纯稀土的生产与对外贸易占到全世界 90% 以上的份额，取得国际领先水平和巨大的经济及社会效益。2008 年荣获国家最高科学技术奖。

如果把科学家分为几类，有举重若轻的，有举轻若重的，那么我都不是，我属于“举重若重”的一类人。

——徐光宪

1. 上交大求学 奠定化学专业理论功底

1940年，徐光宪考取上海交通大学（以下简称上交大）化学系。上交大素以教学严苛、学业负担重著称。学校规定，考试科目有30%以上不及格者，不准补考，责令留级；50%以上者，责令退学。所以，上交大的淘汰率很高，一、二年级的留级率在10%—15%。有的班级到二年级时有1/3学生被淘汰，而到毕业时全班学生只有入学时的一半。在这样的压力下，徐光宪的毕业成绩却始终是全班第一。

当年，上交大学生在四年中需要修满161个学分且都是必修课，化工、油漆、颜料、酿造等化工课程都是必修课。上交大化学系从第三学期开始安排有微分方程、几何画、机械画、有机分析、有机分析实验、高等无机化学、高等有机化学、热工、应用力学、材料强度、化学工程等课程，到了四年级安排有高等定性分析等11门课程。徐光宪后来搞**萃取**理论（实际上是化工理论）得益于他在上交大打下的基础。而且，在上交大时徐光宪还当过化工教授的助教，做过全部的《化工原理》实验、习题，有相当好的化工基础。

重视基础教育是上交大的办学传统。授课教师不仅课堂教学严格，而且对学生的习题也认真批改，涉及计算的习题甚至要求精确到小数点后三位。那时上交大流传着这样的说法，一年级配眼镜，二年级买痰盂。因为功课太紧，营养又不好，一年级得了近视眼就要配眼镜，到二年级积劳成疾得了**肺结核病**，就需要买痰盂了。不过上交大的就业率是100%，这在当时毕业即失业的社

▷**萃取**是指利用溶质在互不相溶的溶剂里溶解度的不同，用一种溶剂把溶质从另一溶剂所组成的溶液里提取出来的操作方法。

▷**肺结核病**是由结核分枝杆菌引起的慢性传染病，可侵及许多脏器，以肺部结核感染最为常见。人体感染结核菌后不一定发病，当抵抗力降低或细胞介导的变态反应增高时，才可能引起临床发病。症状多为低热、盗汗、乏力、纳差、消瘦等；呼吸道症状有咳嗽、咳痰、咯血、胸痛、不同程度胸闷或呼吸困难。

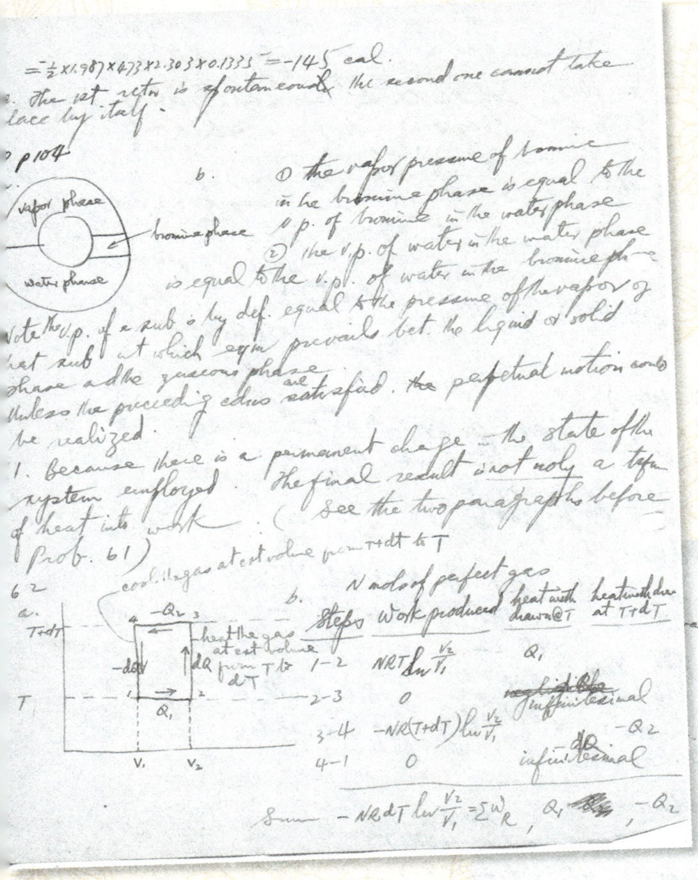

$= \frac{1}{2}\times 1.987\times 473\times 2.303\times 0.1335 = -145$ cal.

2. The 1st rxn is spontaneous & the second one cannot take place by itself.

p104

b. ① the vapor pressure of bromine in the bromine phase is equal to the v.p. of bromine in the water phase

② the v.p. of water in the water phase is equal to the v.p. of water in the bromine phase

vapor phase / bromine phase / water phase

Note the v.p. of a sub is by def. equal to the pressure of the vapor of that sub at which equ prevails bet. the liquid & solid phase and the gaseous phase

Unless the preceding eqns are satisfied, the perpetual motion could be realized.

1. Because there is a permanent change in the state of the system employed. The final result is not only a transformation of heat into work. (See the two paragraphs before Prob. 61)

62 a. N mols of perfect gas

Steps	Work produced	heat withdrawn @T	heat withdrawn at T+dT
1-2	$NRT \ln \frac{V_2}{V_1}$	Q_1	
2-3	0	infinitesimal	
3-4	$-NR(T+dT)\ln \frac{V_2}{V_1}$		$-Q_2$
4-1	0	infinitesimal	
Sum	$-NRdT \ln \frac{V_2}{V_1} = \sum W_R$	Q_1	$-Q_2$

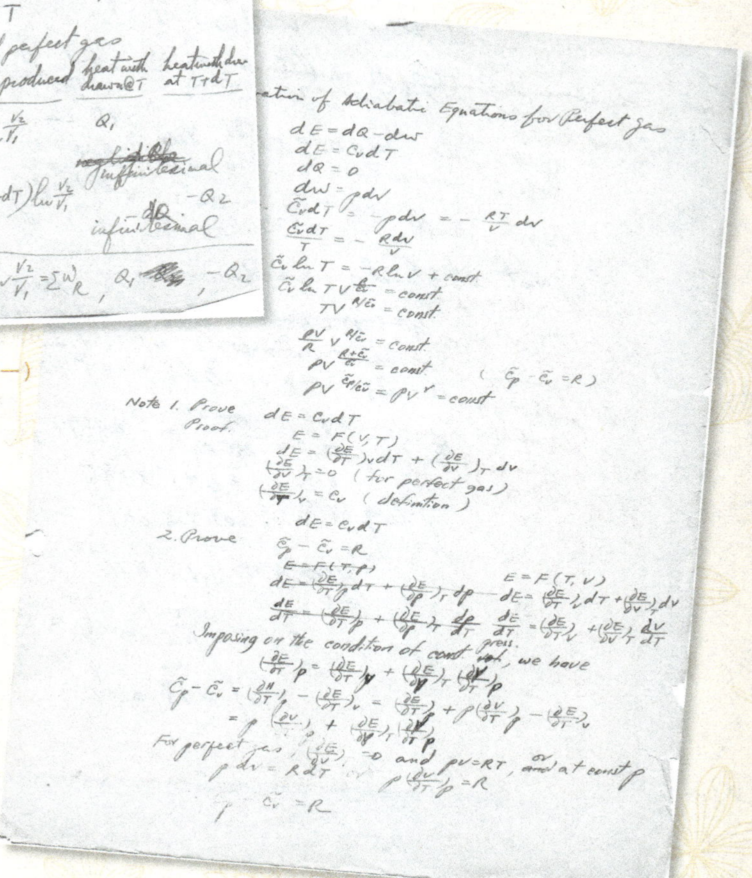

…ation of Adiabatic Equations for Perfect gas

$dE = dQ - dw$

$dE = C_v dT$

$dQ = 0$

$dw = p\,dv$

$C_v dT = -p\,dv = -\frac{RT}{v}dv$

$\frac{C_v dT}{T} = -\frac{R\,dv}{v}$

$C_v \ln T = -R\ln v + const$

$C_v \ln T v^{R/C_v} = const$

$T v^{R/C_v} = const$

$\frac{pv}{R} v^{R/C_v} = const$

$p v^{\frac{R+C_v}{C_v}} = const$

$p v^{C_p/C_v} = p v^{\gamma} = const \quad (C_p - C_v = R)$

Note 1. Prove $dE = C_v dT$

Proof. $E = F(v, T)$

$dE = \left(\frac{\partial E}{\partial T}\right)_v dT + \left(\frac{\partial E}{\partial v}\right)_T dv$

$\left(\frac{\partial E}{\partial v}\right)_T = 0$ (for perfect gas)

$\left(\frac{\partial E}{\partial T}\right)_v = C_v$ (definition)

$dE = C_v dT$

2. Prove $C_p - C_v = R$

$E = F(T, v)$

$dE = \left(\frac{\partial E}{\partial T}\right)_v dT + \left(\frac{\partial E}{\partial v}\right)_T dv$

$\frac{dE}{dT} = \left(\frac{\partial E}{\partial T}\right)_v + \left(\frac{\partial E}{\partial v}\right)_T \frac{dv}{dT}$

Imposing on the condition of const press., we have

$\left(\frac{\partial E}{\partial T}\right)_p = \left(\frac{\partial E}{\partial T}\right)_v + \left(\frac{\partial E}{\partial v}\right)_T \left(\frac{\partial v}{\partial T}\right)_p$

$C_p - C_v = \left(\frac{\partial H}{\partial T}\right)_p - \left(\frac{\partial E}{\partial T}\right)_v = \left(\frac{\partial E}{\partial T}\right)_p + p\left(\frac{\partial v}{\partial T}\right)_p - \left(\frac{\partial E}{\partial T}\right)_v$

$= p\left(\frac{\partial v}{\partial T}\right)_p + \left(\frac{\partial E}{\partial v}\right)_T \left(\frac{\partial v}{\partial T}\right)_p$

For perfect gas, $\left(\frac{\partial E}{\partial v}\right)_T = 0$ and $pv = RT$, or at const p

$p\,dv = R\,dT$ or $p\left(\frac{\partial v}{\partial T}\right)_p = R$

$C_p - C_v = R$

△▷徐光宪在上交大学习时做的习题手稿（一）

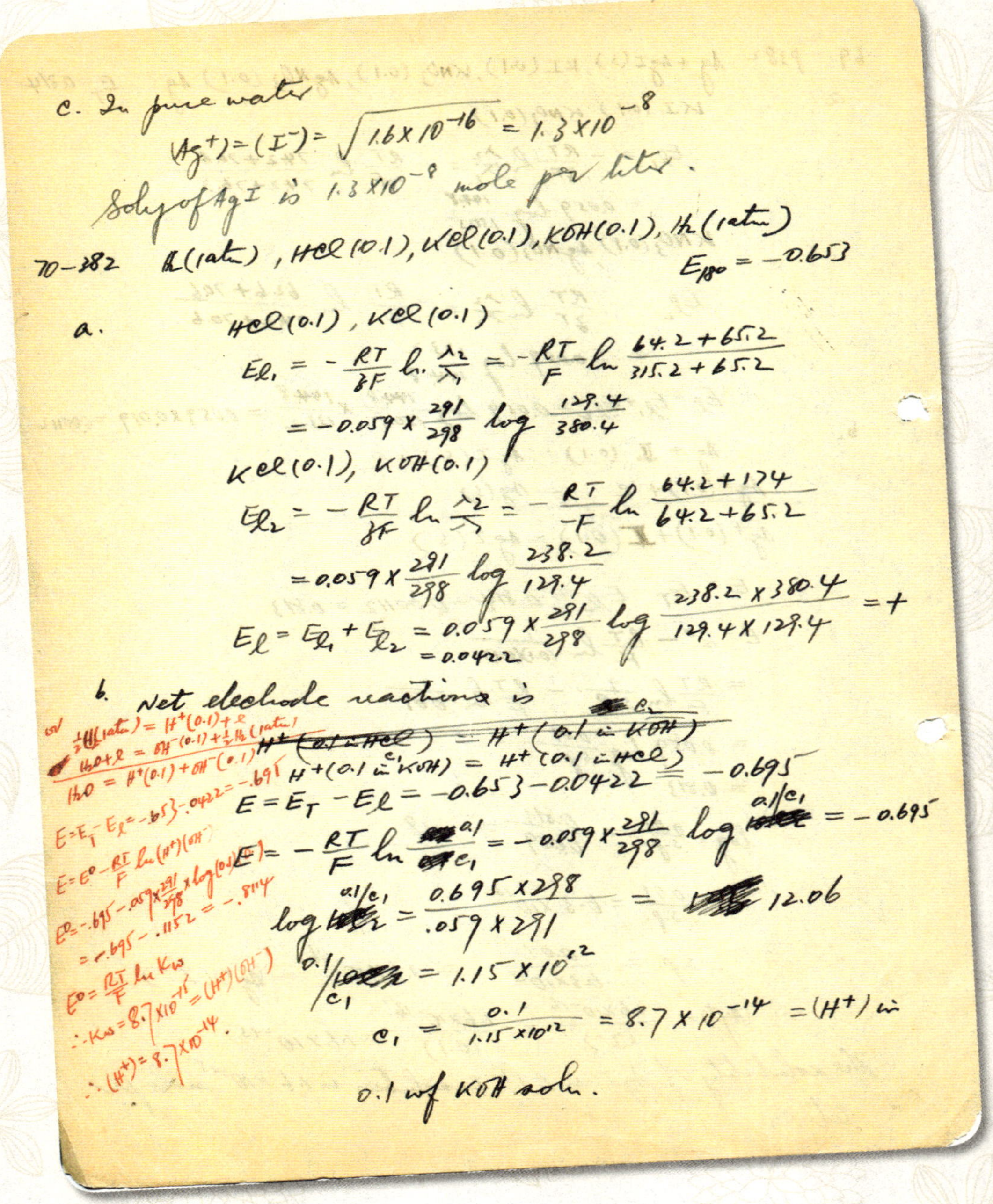

c. In pure water

$(Ag^+) = (I^-) = \sqrt{1.6\times10^{-16}} = 1.3\times10^{-8}$

Sol. of AgI is 1.3×10^{-8} mole per liter.

70-382 H_2(1atm), HCl(0.1), KCl(0.1), KOH(0.1), H_2(1atm)

$E_{180} = -0.653$

a. HCl(0.1), KCl(0.1)

$E_{l_1} = -\frac{RT}{3F}\ln\frac{\lambda_2}{\lambda_1} = -\frac{RT}{F}\ln\frac{64.2+65.2}{315.2+65.2}$

$= -0.059\times\frac{291}{298}\log\frac{129.4}{380.4}$

KCl(0.1), KOH(0.1)

$E_{l_2} = -\frac{RT}{3F}\ln\frac{\lambda_2}{\lambda_1} = -\frac{RT}{F}\ln\frac{64.2+174}{64.2+65.2}$

$= 0.059\times\frac{291}{298}\log\frac{238.2}{129.4}$

$E_l = E_{l_1} + E_{l_2} = 0.059\times\frac{291}{298}\log\frac{238.2\times380.4}{129.4\times129.4} = +$

$= 0.0422$

b. Net electrode reactions is

~~H^+(0.1 in HCl) = H^+(0.1 in KOH)~~

H^+(0.1 in KOH) = H^+(0.1 in HCl)

$E = E_T - E_l = -0.653 - 0.0422 = -0.695$

$E = -\frac{RT}{F}\ln\frac{a_1}{c_1} = -0.059\times\frac{291}{298}\log\frac{a_1}{c_1} = -0.695$

$\log\frac{a_1}{c_1} = \frac{0.695\times298}{.059\times291} = 12.06$

$\frac{0.1}{c_1} = 1.15\times10^{12}$

$c_1 = \frac{0.1}{1.15\times10^{12}} = 8.7\times10^{-14} = (H^+)$ in

0.1 m of KOH soln.

(red annotations in margin:)

$\frac{1}{2}H_2$(1atm) = H^+(0.1) + e

H_2O + e = OH^-(0.1) + $\frac{1}{2}H_2$(1atm)

$H_2O = H^+(0.1) + OH^-(0.1)$

$E = E_T - E_l = -.653 - .0422 = -.695$

$E = E^0 - \frac{RT}{F}\ln(H^+)(OH^-)$

$E^0 = -.695 - .059\times\frac{291}{298}\times\log(0.1)^2$

$= -.695 - .1152 = -.814$

$E^0 = \frac{RT}{F}\ln K_w$

$\therefore K_w = 8.7\times10^{-15} = (H^+)(OH^-)$

$\therefore (H^+) = 8.7\times10^{-14}$.

△徐光宪在上交大学习时做的习题手稿（二）

会条件下是很大的诱惑，所以许多中学生都想考上交大。徐光宪的近视眼在入上交大之前就已经形成了，到大学四年级时他也有过轻度肺结核。

大量做习题是徐光宪在上交大学习过程中养成的一个好习惯。他系统地做过诺伊斯（Arthur A. Noyes）和修列尔（Sherril）编著的《化学原理》（*A Course of Study in Chemical Principles*）一书中的全部498道习题。这本《化学原理》共500多页，其中习题就占250页。习题不是放在每一章的后面，而是穿插在主要内容中，往往理论内容讲一小段后就是一个习题，让学生自己去发现并推导出一个定律。这种特殊的训练能够大大加强学生的自学能力。徐光宪通过做这些习题，并把它们纳入自己的知识框架，读通了物理化学。在他1948年参加美国哥伦比亚大学研究院暑期试读班的化学热力学考试时，这498道习题就派上了用场。

徐光宪做习题的这本全英文作业本至今仍保存完好。2009年上交大庆祝建校113周年时，徐光宪与钱学森、吴文俊、张光斗四人荣获上交大首届“杰出校友终身成就奖”。徐光宪特意将这本保存了半个多世纪的习题作业本复印件赠送给上交大档案馆，以此来鼓励上交大同学多做习题、扎实地练好基本功。

徐光宪的整个求学生涯大多是在半工半读的情形下完成的。大学毕业两年后，他参加并通过了国民政府教育部公开招考出国留学的考试，并于1947年年底赴美。他先到圣路易斯城的华盛顿大学化工系学习，一个学期后到哥伦比亚大学研究生院的暑期班试读，以第一名的成绩获得了校聘助教奖学金。

2. 北大教书育人　推动物理化学学科发展

▷**曾昭抡**（1899.5—1967.12），化学家、教育家和社会活动家，1948年当选为中央研究院院士。1949年起，历任北京大学教务长兼化学系主任，教育部、高等教育部副部长，中华全国自然科学专门学会联合会副主席，中国科学院化学研究所所长，武汉大学化学系教授等职。

▷**孙承谔**（1911.3—1991.3），物理化学家和化学教育家，是世界著名化学家艾林的博士生。主要从事化学动力学的研究工作，是中国早期从事化学动力学研究的先驱之一，曾长期担任北京大学化学系主任。

▷**蜡纸油印**是一种简便的印刷方法。先在特制的蜡纸上用打字机打字，或者用铁笔刻画文字图画，然后让蜡纸附在普通纸面上，在上面涂施油墨，透过打字或者刻写的图纹孔洞印刷到下面的普通纸上。

▷**燕京大学**是20世纪初由四所美国和英国基督教教会联合在北京开办的大学，也是近代中国规模最大、质量最好、环境最优美的大学之一。创办于1919年，20世纪30年代已经跻身于世界一流大学之列，在国内外名声大震。在中国高等学校1952年院系调整中，燕京大学被撤销，文科、理科多并入北京大学，工科并入清华大学，法学院、社会学系并入北京政法学院（今中国政法大学），校舍由北京大学接收。

1951年3月，徐光宪获美国哥伦比亚大学物理化学博士学位，虽然导师和学校再三提出留他任讲师，但徐光宪毅然携夫人回到祖国。回国后，他一直在北京大学工作，既从事大学教学，也做科学研究，而这两种角色他都演绎得十分成功，而且在他看来，讲课比天大。

刚到北大化学系不久，系主任**曾昭抡**就请他给三年级学生讲授物理化学课。当时物理化学课程是化学系的一门主要课程。徐光宪是一位新聘的副教授，若论资排辈是轮不到他讲的。原来讲授物理化学课的是**孙承谔**，他对基础课教学不大重视，效果也不理想，准备放弃教学，专门从事化学反应理论研究。徐光宪的到来恰逢其时，他在哥伦比亚大学做过物理化学课的助教，所以开设这门课也比较有基础。

化学系对物理化学课非常重视，派了三位业务很强的年轻教师作徐光宪的助教。在北大授课压力很大，如果教得不好，会被学生赶下台。凭借在上交大和哥伦比亚大学读书期间打下的基础，徐光宪开始积极准备，并亲自编写了一本讲义。这本1952年10月**蜡纸油印**的《物理化学讲义》至今还保存着。它的主要内容分为九章，还附有“物理化学临时测验”22个。基本上是一周一次临时测验，有填空题、问答题、计算题等，此外还有“平时考试”。徐光宪教学的严格认真于此可见一斑。

1952年院系调整后，北京大学、清华大学、**燕京大学**三校的理学院合并为新北大的理学院，新北大的物理化学课程由清华大学的**黄子卿**教授讲授。黄子卿将其中的原子

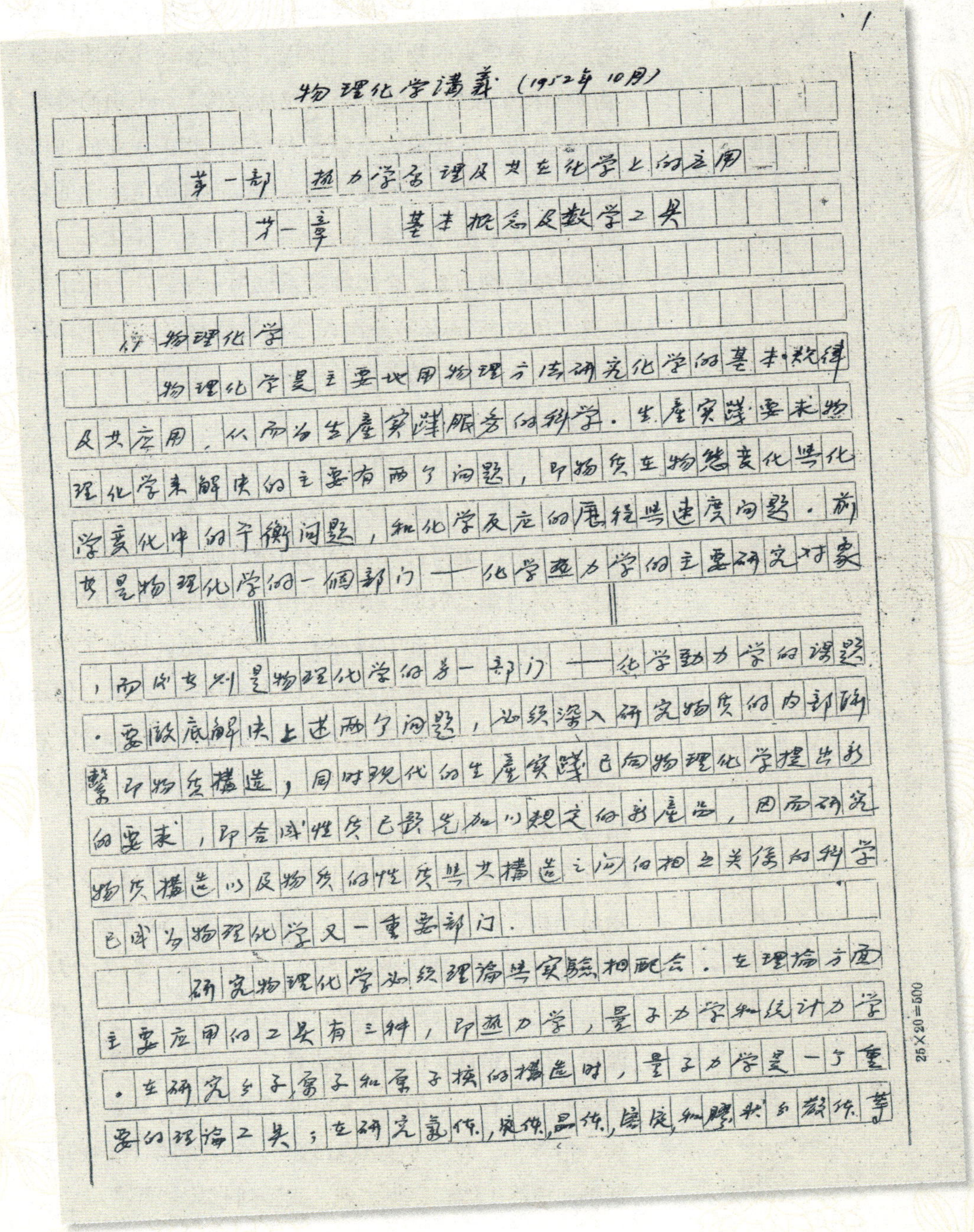

1

物理化学講義（1952年10月）

第一部　热力学原理及其在化学上的应用

第一章　基本概念及数学工具

1、物理化学

物理化学是主要地用物理方法研究化学的基本规律及其应用，从而为生产实践服务的科学。生产实践要求物理化学来解决的主要有两个问题，即物质在物态变化与化学变化中的平衡问题，和化学反应的历程与速度问题。前者是物理化学的一個部门——化学热力学的主要研究对象，而后者则是物理化学的另一部门——化学動力学的课题。要彻底解决上述两个问题，必须深入研究物质的内部联系即物质構造，同时现代的生产实践已向物理化学提出新的要求，即合成性质已预先加以规定的新產品，因而研究物质構造以及物质的性质与其構造之间的相互关係的科学已成为物理化学又一重要部门。

研究物理化学必须理论与实验相配合。在理论方面主要应用的工具有三种，即热力学，量子力学和统计力学。在研究分子原子和原子核的構造时，量子力学是一个重要的理论工具；在研究氣体，液体，晶体，溶液和膠状分散体等

25×20=500

△徐光宪《物理化学讲义》手稿第一页

▷**黄子卿**（1900.1—1982.7），物理化学家、化学教育家。1955年当选为中国科学院学部委员（院士），主要从事电化学、生物化学、热力学和溶液理论等多方面的研究，精确测定了热力学温标的基准点——水的三相点，并在溶液理论方面颇有建树。

结构、分子结构和化学键理论部分内容分出来，让徐光宪讲，这就是后来的物质结构课程。为此，徐光宪还编写了《物质结构》教材。1959年，《物质结构》一书由高等教育出版社出版，从此成为全国各大专院校相关专业的通用教材，不但综合性大学的化学系采用，而且师范大学的化学系，工科大学的化工系、冶金系、材料系、染化系，甚至有些学校的物理系、金属物理系也用它做课本。由于影响广泛，1987年国家第一次评选优秀教材时，《物质结构》获得全国优秀教材特等奖。这是迄今为止化学学科唯一的一个教材特等奖。

不同于教材书介绍该领域理论与研究成果的一般模式，徐光宪除了在书中及时反映国际学术界的最新研究成果，还为教材编写进行了专门的科学研究。在编写《物质结构》教材第二版时，徐光宪用 nxc π 四个数来描述包括**原子簇**在内的无机和有机分子的结构类型，提出了**原子价**的新概念，这些研究成果均反映在教材中。此外，他还花大力气去搜集或者自己用计算机计算各种原子和分子轨道的能级，尽量使这些能级图定量化，以代替第一版《物质结构》中定性的原子或分子轨道能级图。

▷**原子簇**是指由原子（或分子）结合在一起的团体结构，是介于原子（或分子）与固体粒子之间的团粒分子。原子簇是当前化学中最饶有兴趣而又极其活跃的领域之一。

▷**原子价**一般指化合价，是一种元素的一个原子与其他元素的原子化合，即构成化合物时表现出来的性质。一般化合价的价数等于该原子在化合时得失电子的数量，即该元素能达到稳定结构时得失电子的数量。

在北京大学工作的几十年，徐光宪讲授过物理化学、物质结构、原子核物理导论、量子化学、高等量子化学、化学统计力学、分子光谱理论、配位化学、萃取化学、高等无机化学、串级萃取理论、锆铪萃取化学等12门不同的课程。徐光宪喜欢授课，他讲课从不迟到，他曾说："我从学生的脸上看到他们对我的讲课是满意的，我就感到很高兴、很幸福。我从小喜欢数理化，抱定科学报国的理想。这个理想终于能够逐步实现，我感到非常幸福。"

3. 转行放射化学　组建北大技术物理系

原子能科学在20世纪50年代是最令人关注的新兴学科。新中国成立初期面临着严峻的国际形势，需要有自己的核武器来强大国防、保障国民生产生活安全。1955年8月，根据中央部署和**钱三强**建议，北京大学成立了**物理研究室**。物理研究室为了适应国家发展需要，除原子核物理专业外，又增添了**放射化学**专业，并更名为技术物理系。到北大调阅档案时，钱三强发现徐光宪读博士时的细分专业是**量子化学**，他认为量子化学基础好的研究者，其物理、化学的基础也会比较好，容易转变方向。故向北大建议调徐光宪到技术物理系任系副主任，主管放射化学专业。

徐光宪到技术物理系的第一项工作是为学生讲授**原子核物理**导论课。因为他是从化学系调来的，有人认为徐光宪开设原子核物理导论课程至少要一年以后。但是徐光宪一到原子能系就开始讲授该课程并编写讲义。同时考虑到物理系学生与化学系学生的背景差别——物理系学生的物理基础好，而化学系学生对原子核物理不太熟悉；有些基础课物理系的学生已经修习过，化学系的学生却没有修习，徐光宪在讲课时特别注重授课对象。就这样，徐光宪克服了到技术物理系的第一个困难——讲授本来并不熟悉的原子核物理导论课。

早在回国时，徐光宪就敏锐地意识到国家可能要研制原子弹，所以他买了放射化学和核物理的书带回国。1958年，为了配合课程教学，方便学生更快地掌握知识，徐光宪利用这些参考资料，抓紧时间编写了《原子核物理导论》讲义。讲义是随写随印的不同墨色的油印片子，装订起来

◁**钱三强**（1913.10—1992.6），核物理学家，中国原子能科学事业的创始人，中国“两弹一星”元勋，中国科学院院士。

◁北京大学**物理研究室**是中国第一个专门培养核科学技术人才的机构，即从事核物理的研究和学生培养工作，也是中国第一个原子核教育基地。1958年12月，北京大学党委为了便于保密专业的管理，把核物理专业和放射化学专业分别从物理系和化学系调出来，成立原子能系。1960年，出于保密原因，原子能系更名为北京大学技术物理系。

◁**放射化学**是研究放射性物质及与原子核转变过程相关的化学问题的化学分支学科。放射化学与原子核物理对应地关联和交织在一起，成为核科学技术的两个兄弟学科。

◁**量子化学**是理论化学的一个分支学科，是应用量子力学基本原理和方法研究化学问题的一门基础科学。研究范围包括稳定和不稳定分子的结构、性能及其结构与性能之间的关系；分子与分子之间的相互作用；分子与分子之间的相互碰撞和相互反应等问题。

◁**原子核物理**属于物理学分支，是研究原子核的结构和变化规律，获得射线束并将其用于探测、分析的技术，以及研究同核能、核技术应用有关的物理问题。

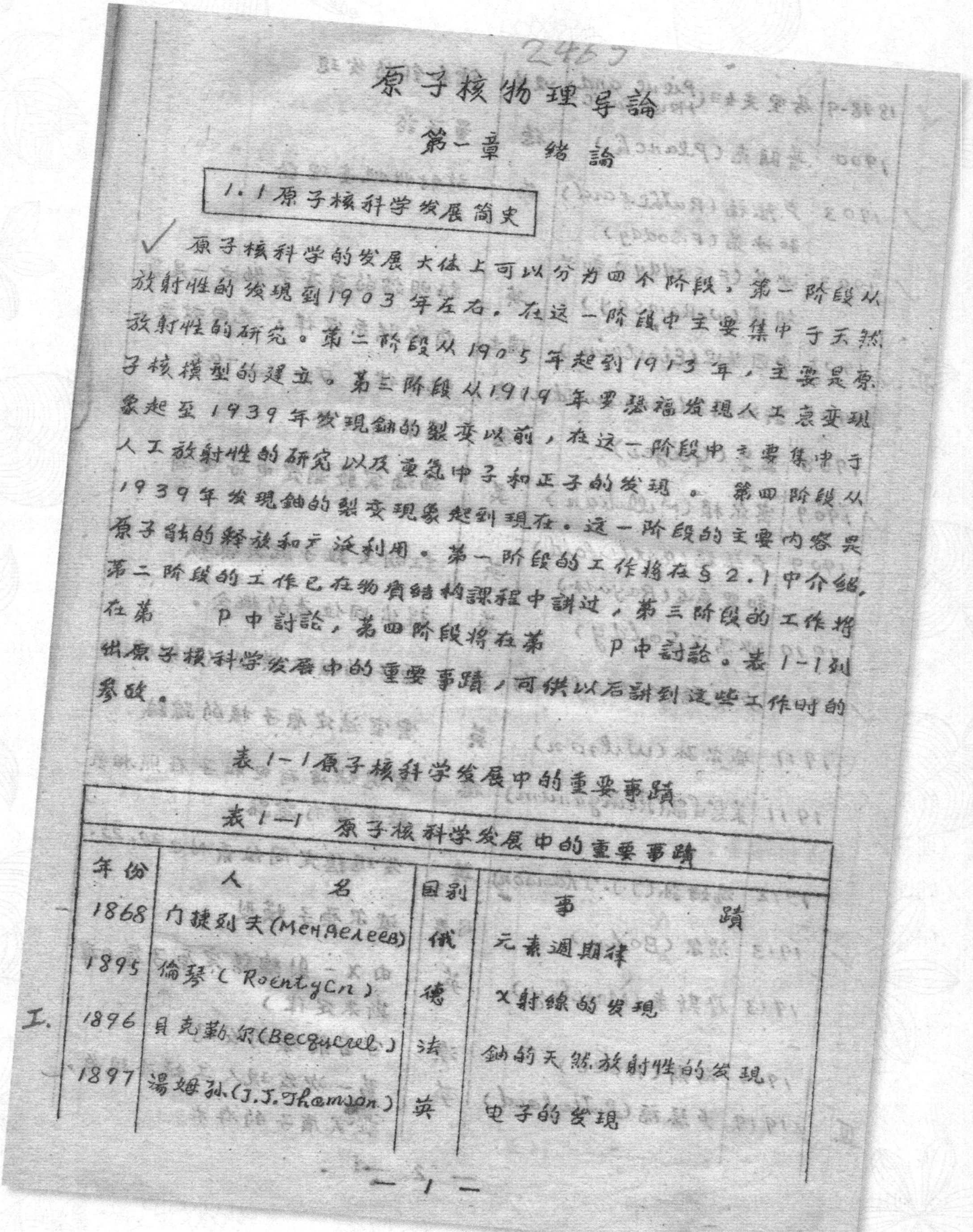
2463

原子核物理导論

第一章 绪論

1.1 原子核科学发展简史

原子核科学的发展大体上可以分为四个阶段，第一阶段从放射性的发現到1903年左右。在这一阶段中主要集中于天然放射性的研究。第二阶段从1905年起到1913年，主要是原子核模型的建立。第三阶段从1919年罗瑟福发現人工蛻变現象起至1939年发現鈾的裂变以前，在这一阶段中主要集中于人工放射性的研究以及重氢中子和正子的发現。第四阶段从1939年发現鈾的裂变現象起到現在。这一阶段的主要内容是原子能的释放和广泛利用。第一阶段的工作将在§2.1中介紹，第二阶段的工作已在物質結构課程中講过，第三阶段的工作将在第　P中討論，第四阶段将在第　P中討論。表1-1列出原子核科学发展中的重要事蹟，可供以后講到这些工作时的参考。

表1-1原子核科学发展中的重要事蹟

年份	人名	国别	事蹟
1868	门捷列夫(Менделеев)	俄	元素週期律
1895	倫琴(Roentgen)	德	X射線的发現
1896	贝克勒尔(Becquerel)	法	鈾的天然放射性的发現
1897	湯姆孙(J.J.Thomson)	英	电子的发現

— 1 —

△ 徐光宪《原子核物理导论》讲义

约有 20 万字。由于开课时间不长，讲义没有再三经过修订，所以后来没有正式出版。但由于格外珍贵，徐光宪一直保留至今。

讲义共十章，每章都附有复习提纲、习题、参考文献，还有“原子核物理导论”第一次考试题、第二次考试题等。特别的是，考题根据学生背景专业不同而分别设定。这本讲义内容丰富、细节翔实，特别注重术语和概念的讲解。

这本《原子核物理导论》讲义的另外一个特点是特别重视对科学发展史的介绍，不仅在第一章绪论中系统介绍了原子核科学发展简史，将原子核科学发展中的重要事件用列表的方式简明扼要地列出；同时还在相应章节介绍了**放射性**发现的历史、**中子**发现的历史等。徐光宪认为，科学史实际上是创新的故事，给学生介绍科学的历史可以启发学生进一步创新。徐光宪通过这些科学发现的故事告诉学生，人一辈子会有许多机遇，但是这个机遇只给有准备的人。另外，还有一些科学发现的故事可以教育学生做实验时必须仔细观察，仅仅几个鲜活的例子就足以让学生记一辈子。

科学研究方向的选择和确定对于研究者而言至关重要。在徐光宪看来，个人的研究兴趣以及对研究前沿的把握固然重要，但最关键的是科学研究既要立足基础研究，还要面向国家目标。正是基于这种胸怀祖国的立足点，徐光宪在科学研究中四次改变科研方向，先是从量子化学转到络合物化学，再转入核燃料萃取方向，接着是**稀土**分离，最后又回到量子化学方向。而他将研究方向改变转化为契机的能力，又使其在诸多研究领域取得了大量创新性的成果。

◁**放射性**是指元素从不稳定的原子核自发地放出射线（如 α 射线、β 射线、γ 射线等），衰变形成稳定的元素（衰变产物）的现象。

◁**中子**是组成原子核的核子之一，是组成原子核、构成化学元素不可缺少的成分。

◁**稀土**是元素周期表中的镧系元素和钪、钇共 17 种金属元素的总称。自然界中有 250 种稀土矿。因为 18 世纪发现的稀土矿物较少，当时只能用化学法制得少量不溶于水的氧化物，历史上习惯地把这种氧化物称为“土”，因而得名稀土。

化学工程学家——郭慕孙

郭慕孙（1920 年 6 月—2012 年 12 月），生于湖北汉阳，籍贯广东潮州。1943 年毕业于沪江大学化学系，1947 年获美国普林斯顿大学硕士学位。中国科学院过程工程研究所研究员、名誉所长。1980 年当选中国科学院学部委员（院士），1997 年当选瑞士工程科学院外籍院士。早年发现液 - 固和气 - 固两种截然不同的流态化现象，分别命名为“散式”和“聚式”流态化，成为化学工程术语。后将散式流态化理想化，提出了描述流体和颗粒两相流最简易的“广义流态化”理论，可适用于颗粒物料的受阻沉降、浸取和洗涤、移动床输送等工艺。20 世纪 50 年代，他提出气体和颗粒的聚式流态化接触差、能耗高的缺点，相继研究稀相、快速、浅床等其他流态化方法，逐步形成“无气泡气固接触”理论。上述理论已多次应用于金属提取等资源开发。1989 年获国际流态化成就奖。2008 年入选美国化学工程师学会“化学工程百年开创时代”50 位杰出化工科学家，成为唯一获此殊荣的亚洲学者。

在他去世前两天，我去看望他时，他还在追踪新事物，还在思考太阳能如何用于化工过程的加热。郭先生生命中的每时每刻、一点一滴，都在诠释什么是科学精神、什么是追求卓越。在他的学术辞典里没有“跟踪”二字，始终强调“原创”“第一”和“特色”。

——李静海院士

1. 离美回国　投身流态化技术冶金事业

▷**叶渚沛**（1902.10—1971.11），我国著名冶金学家，中国科学院化工冶金研究所第一任所长。1955年当选为中国科学院学部委员（院士）。

▷**流态化**一般是指固体流态化，又称假液化，是利用流动流体的作用将固体颗粒悬浮起来，从而使固体颗粒具有某些流体表观特征。利用这种流体与固体间的接触方式实现生产过程的操作，称为**流态化技术**。流态化技术是近几十年里兴起的一项新技术，现已广泛应用于固体燃料的燃烧、煤炭的气化与焦化、固体物料的输送、化工生产中的气固相催化反应、物料干燥、加热与冷却、石油裂解、冶金、环保等领域，而且其应用领域还在不断扩大。

▷**焙烧**是在低于物料熔化温度下完成某种化学反应的过程。在冶炼流程中常常是一个炉料准备工序，但有时也可作为一个富集、脱杂、金属粉末制备或精炼过程。在焙烧中，绝大部分物料始终以固体状态存在，因此焙烧的温度以保证物料不明显熔化为上限。

郭慕孙早年留学美国，是美国碳氢研究公司的著名工程师。尽管在异国他乡获得了荣誉和成就，但他无时无刻不在牵挂祖国。新中国成立后，他不忘远涉重洋求学的初衷，多方寻求回国机会。1956年8月，郭慕孙夫妇终于等到了期盼已久的回国机会，义无反顾地辞去工作，带着儿女登上了驶往香港的克利夫兰总统号轮船，辗转回到祖国。

当时正在筹建中国科学院化工冶金研究所的**叶渚沛**先生，早就关注到远在美国工作的郭慕孙。他筹划着邀请郭慕孙到化工冶金研究所工作，重点研究利用**流态化焙烧**的方法处理回收湖北**大冶铁矿**中的铜、钴，以改变当时因冶铁工艺落后导致的铜、钴资源浪费严重的状况。当叶渚沛得知郭慕孙已从美国回来、住在永安饭店后，立即与他取得了联系，并代表中国科学院向郭慕孙发出了诚挚邀请。

郭慕孙回国时仍想做一名工程师，所以收到工作邀请后有些迟疑。叶渚沛就语重心长地对他说：“国家既需要基础科学研究，又需要科研成果产业化，同时国家更急需将这两端联系在一起的人才。冶金行业有好多工作还很落后，缺乏工程项目，所以想将流态化技术应用到冶金领域，这与化工冶金研究所的定位是完全吻合的。”在充分了解前辈对自己的学术规划后，郭慕孙经过深思熟虑，最终决定辅佐叶渚沛筹建化工冶金研究所。

关于大冶铁矿中铜、钴的提取是叶渚沛很早就想到的课题。大冶铁矿是武汉钢铁厂的原料基地，所产矿石中含少量铜、钴，直接入炉作为高炉炼铁的原料会影响钢铁质量，同时无法将我国短缺的铜、钴战略物资回收。因此，解决铁与铜、钴的分离技术，可以更加有效地综合利用我国宝贵的矿产资源，具有重大的技术、经济价值。叶渚沛有一套具体的切实可行的想法，但是这个想法还没有人做过，郭慕孙在美国碳氢研究公司担任工程师的经历让叶渚沛看到了这一技术方案实现的可能性。

1956 年 12 月，对未来满怀憧憬的郭慕孙来到中国科学院化工冶金研究所，正式加入叶渚沛领导的工作团队。加入工作团队后做的第一件事，就是主持湖北大冶含铜、钴铁矿的焙烧工作。当时国家为了充分利用当地的铁矿生产国民经济急需的钢铁，下决心做好含铜、钴铁矿的冶炼工作。这种含铜、钴的铁矿在长江流域较多，虽然工作条件非常艰苦，但郭慕孙毅然决然接受了这一艰巨任务。

经过几年的艰苦努力，郭慕孙团队于 1959 年在湖北省黄石市大冶冶炼厂建立了日处理 15 吨大冶矿的**中间工厂**，并进行了流态化选择性硫酸化焙烧实验，取得了可喜成果，基本实现预期目标。相关研究成果获 1978 年中国科学院重大科技成果奖。

◁**大冶铁矿**坐落于湖北省黄石市铁山区，其开采历史悠久、文化底蕴深厚。自公元 226 年开采迄今已有 1700 余年。东吴孙权在这里造过刀剑，隋炀帝杨广在这里铸过钱。1890 年，湖广总督张之洞兴办钢铁，引进西方先进设备、技术和人才，建成中国第一家用机器开采的大型露天铁矿，成为汉阳铁厂的原料基地、汉冶萍公司的一个主要组成部分。其矿石主要是铁铜共生矿，铁矿物主要为磁铁矿，其次是赤铁矿，其他还有黄铜矿和黄铁矿等。

◁**中间工厂**是指进行中间试验的工厂。中间试验指研究和发展工作的成果，在完成实验室工作后、还未直接进入生产以前，需要通过一定的试验装置、试验车间或试验场地对其技术可行性、生产合理性以及经济效果进行研究和验证，以取得某些更接近生产实际的数据。

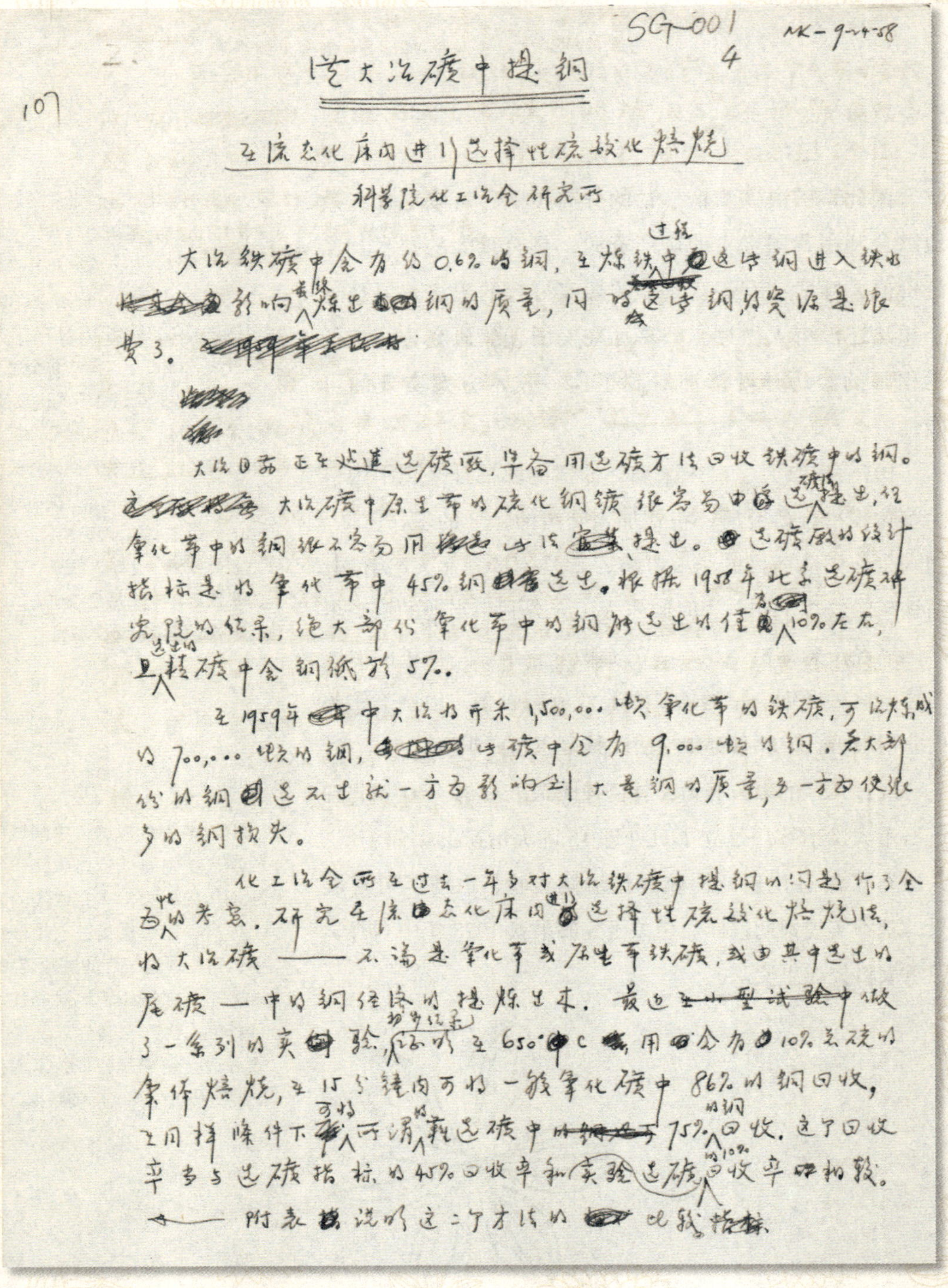
SG-001 4 NK-9-24-58

107

从大冶矿中提铜

在流态化床内进行选择性硫酸化焙烧

科学院化工冶金研究所

大冶铁矿中含有约0.6%的铜，在炼铁过程中这些铜进入铁中，影响着炼出钢的质量，同时这些铜的资源是很贵了。

大冶目前正在建造选矿厂，准备用选矿方法回收铁矿中的铜。大冶矿中原生带的硫化铜矿很容易用浮选选出，但氧化带中的铜很不容易用一般方法提出。选矿厂的设计指标是将氧化带中45%铜选出。根据1958年北京选矿研究院的结果，绝大部分氧化带中的铜能选出的仅占10%左右，选出的精矿中含铜低于5%。

在1959年中大冶将开采1,500,000吨氧化带的铁矿，可以炼成约700,000吨钢，此矿中含有9,000吨的铜。若大部分的铜选不出就一方面影响到大量钢的质量，另一方面使很多的铜损失。

化工冶金所在过去一年多对大冶铁矿中提铜的问题作了全面性的考虑，研究在流态化床内进行选择性硫酸化焙烧法，将大冶矿——不论是氧化带或原生带铁矿，或由其中选出的尾矿——中的铜经济的提炼出来。最近在小型试验中做了一系列的实验，初步结果证明在650°C用含有10%二氧化硫的气体焙烧，在15分钟内可将一般氧化矿中86%的铜回收，在同样条件下可能将所谓难选矿中75%的铜回收。这个回收率当与选矿指标的45%回收率和实验选矿约10%回收率相较。

←—— 附表说明这二个方法的比较指标

△ 1958年郭慕孙撰写的《从大冶矿中提铜》手稿

2. 艰难时刻　为我国对外援助工程做贡献

20 世纪 70 年代，我国援助阿尔巴尼亚的工程试验已进行了几年，由对外经济联络委员会负责。工程的内容是从阿尔巴尼亚的红土矿中提取镍。正在进行的**火法冶炼**方案投资高、耗电多，而阿尔巴尼亚没有现成的电源。时任外经委负责人的方毅下决心将之改为焙烧、**氨浸**、**氢还原**工艺，撤销在浙江横山的火法试验，在上海冶炼厂进行新工艺的试验。

1970 年 4 月，针对阿尔巴尼亚含镍钴红土铁矿的综合利用问题，方毅在上海主持召开了援阿工作会议，研究援阿工作的技术方案，部署援阿项目。该项目由方毅牵头，组织外经委、冶金部、一机部等有关单位协同攻关，上海冶炼厂、北京矿冶研究院、北京有色冶金设计院、上海化工研究院和中国科学院化工冶金研究所等单位参加联合攻关。

郭慕孙参与了援阿工程的方案设计，带领流态化实验小组对红土矿选择性**还原**焙烧的机理、各种反应参数与提高镍钴**浸出率**的关系以及流态化反应器的关键问题进行了大量的实验室研究和扩大试验。同时，为了更快更好地完成任务，他带领研究团队将马鞍山做试验用的炉子迁到上海冶炼厂，进行阿尔巴尼亚红土矿的流态化还原焙烧试验。1971—1972 年，郭慕孙先后三次到上海冶炼厂参加“从阿尔巴尼亚红土矿中通过流态化焙烧和湿法冶金提镍”80 吨 / 天的中间扩大试验，累计用时 9 个月。他每次下厂都亲自参加试验，在现场进行计算，撰写实验报告，对试验过程中存在的问题提出了很多关键性的指导意见，为最终援阿项

◁**火法冶炼**是冶炼方式的一种，是利用高温从矿石中提取金属或其化合物的冶金过程。冶金过程大都是在水溶液中进行的，称为湿法冶金。由于火法冶炼过程中没有水溶液参加，故又称为干法冶金。

◁**氨浸**是指在湿法冶金中以氨或氨与盐做浸出剂的浸出过程，或称“氨浸法”。氨浸法在有色金属湿法冶金中的应用日益广泛，特别是应用于铜、镍、钴等的冶炼。

◁**氢还原**是指在高温下用氢将金属氧化物还原以制取金属的方法。与其他方法（如碳还原法、锌还原法等）相比，产品性质较易控制，纯度也较高，广泛用于钨、钼、钴、铁等金属粉末和锗、硅的生产。

◁**还原**在此处是指用化学方法除去非金属元素，以产生金属。

◁**浸出率**表明所要提取的金属被浸出的程度，即金属被浸出的百分率。

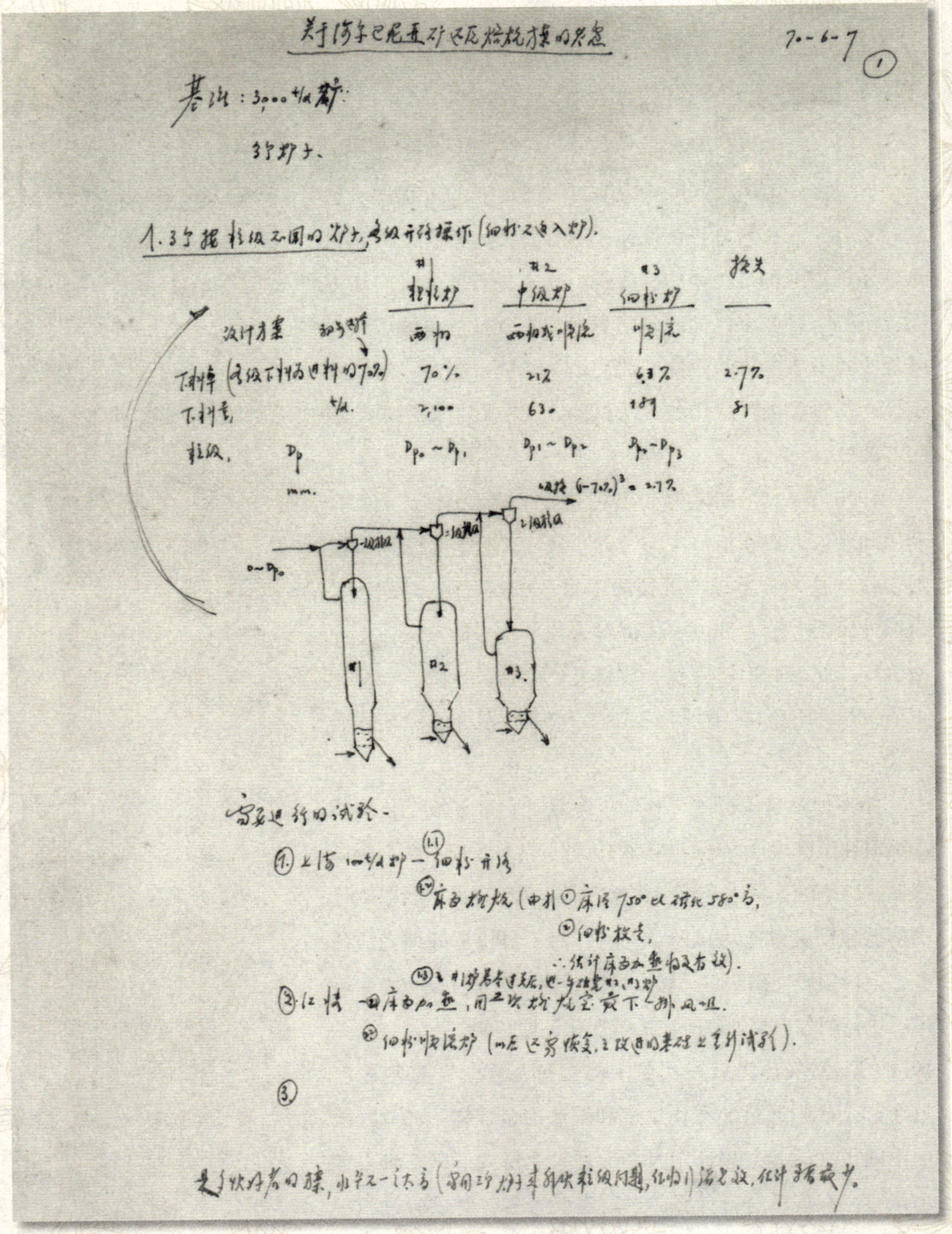

△郭慕孙关于阿尔巴尼亚红土矿还原焙烧方案的手稿

目的建厂设计提供了必要的数据和经验。

其间，他还专门对**流态化洗涤**柱进行了研究。洗涤柱高 16 米，为观察到颗粒和流体在柱里的流动情况，他通过视镜上上下下耐心观察，发现洗涤柱是从柱顶往下加料。由于加料的动能，料浆进入洗涤柱时将柱内颗粒层冲乱，导致洗涤柱的洗涤效果很差。经过研究，郭慕孙改进了洗涤柱的加料方式，保证柱里颗粒层运动不受干扰，大大提高了洗涤柱的洗涤效果。

最终，由他提出的“阿尔巴尼亚红土矿还原焙烧—氨浸—氢还原湿法提取镍钴新流程”方案被审定采用，相关成果于 1978 年获全国科学大会奖。

◁**流态化洗涤**是指物料颗粒受上升液体的作用，呈悬浮状态的洗涤方法。流态化洗涤是一种与流态化浸出相匹配的强化的湿法冶金单元操作。具体过程是：矿浆通过进料装置进入顶部的“进浆浓密段”，将矿浆中的大部分水分离、溢流排走。浓密了的矿浆靠重力沉至“流态化洗涤段”。进来的洗液的主要部分向上流，与下沉矿粒进行逆向洗涤，将矿浆中的金属离子或浸出剂洗掉，少部分洗液与底流排出 。用来进行流态化洗涤的装备因为形似柱子，被称为“洗涤柱”。

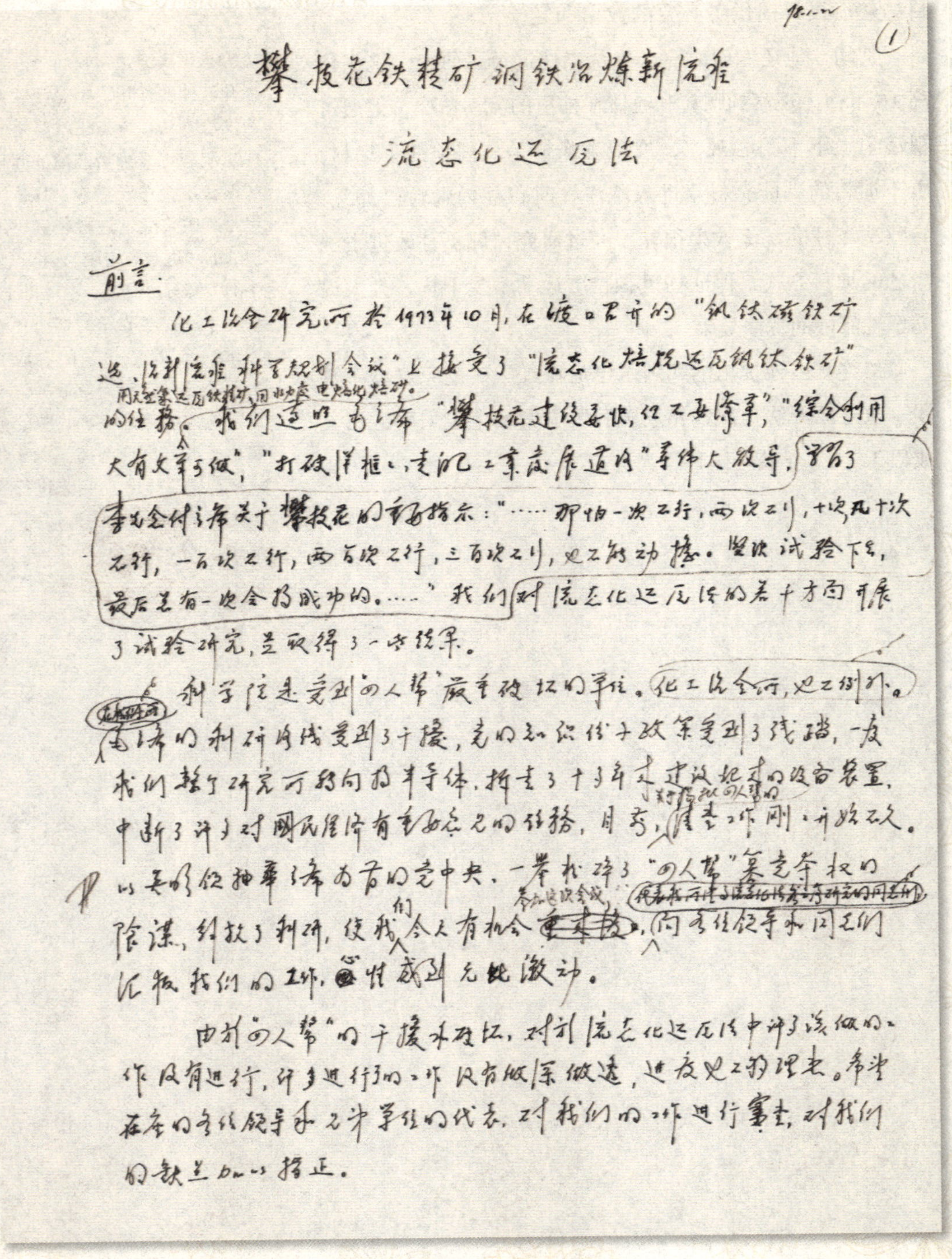
78.1.22

①

攀枝花铁精矿钢铁冶炼新流程

流态化还原法

前言：

化工冶金研究所于1973年10月，在渡口召开的"钒钛磁铁矿选、冶新流程科学规划会议"上接受了"流态化焙烧还原钒钛铁矿的任务"。用天然气还原铁精矿，用水力发电熔化炼钢。我们遵照毛主席"攀枝花建设要快，但不要潦草"，"综合利用大有文章可做"，"打破洋框框，走自己工业发展道路"等伟大教导，学习了李先念付主席关于攀枝花的重要指示："……那怕一次不行，两次不行，十次几十次不行，一百次不行，两百次不行，三百次不行，也不能动摇。坚决试验下去，最后总有一次会搞成功的。……"我们对流态化还原法的若干方面开展了试验研究，并取得了一些结果。

科学院是受到"四人帮"严重破坏的单位。化工冶金所，也不例外。毛主席的科研路线受到了干扰，党的知识份子政策受到了践踏，一度我们整个研究所转向为半导体，拆去了十多年来建设起来的设备装置，中断了许多对国民经济有重要意义的任务，目前，恢复工作刚刚开始不久。以英明领袖华主席为首的党中央，一举粉碎了"四人帮"篡党夺权的阴谋，解放了科研，使我们今天有机会参加这次会议，向各位领导和同志们汇报我们的工作，心情感到无比激动。

由于"四人帮"的干扰和破坏，对于流态化还原法中许多该做的工作没有进行，许多进行了的工作也没有做深做透，进度也不够理想。希望在座的各位领导和兄弟单位的代表，对我们的工作进行审查，对我们的缺点加以指正。

△ 1978年郭慕孙撰写的《攀枝花钢铁冶炼新流程——流态化还原法》手稿

3. 孜孜以求　推动化工冶金学科发展

郭慕孙非常关心中国科学院化工冶金研究所和化工冶金学科的发展。“文化大革命”后期，他结合我国矿产资源综合利用以及冶金工业的生产情况，于1974年起草了《关于化工冶金研究所10年规划》，提出加强化工冶金研究所政治和业务领导、更好地发挥现有人员的专长、改组现有室组、集中力量明确主攻方向，形成全所的战略方案。他明确提出化学反应工程研究的工作应包括冶金**流体力学**、冶金**物理化学**和数学模拟。1977年，他又起草了《化工冶金：学科－技术－任务三结合》的化工冶金研究所规划远景设想，为研究所的学科发展提出了具体可行的实施方案。

在化工冶金学科方面，郭慕孙在这一时期撰写了《关于**白云鄂博矿**综合利用的意见》，建议采用流态化**磁化焙烧**新工艺处理与白云鄂博类似的复杂矿，并撰写了《如何综合利用我国的矿产资源》《攀枝花钢铁冶炼新流程——流态化还原法》《冶金反应装置的科学分析》等多篇文章。针对我国矿石资源的贫、杂特点，提出了工作的对象、目标和方向；提出要发展和应用流态化、湿法冶金及超高温冶金中的新技术，开展化学反应工程和冶金过程中物理化学的研究，探索和发展新的冶炼方法。

郭慕孙还将流态化技术推广应用于工业废气的回收和环境保护，大力宣传流态化在工业生产中的应用以及在国内外的发展前景；赴广西藤县氮肥厂对科研项目“流态化气体炼铁吨级试验工程”进行具体指导，对试验设计和施工中存在的问题提出了多项改进意见，并对企业技术骨干及工人进行培训；赴上海冶炼厂为工程技术人员讲解流

◁**流体力学**是力学的一个分支，主要研究在各种力的作用下，流体本身的静止状态和运动状态，以及流体和固体界壁间有相对运动时的相互作用和流动规律。

◁**物理化学**是在物理和化学两大学科基础上发展起来的。它以丰富的化学现象和体系为对象，大量采纳物理学的理论成就与实验技术，探索、归纳和研究化学的基本规律和理论，构成化学科学的理论基础。物理化学的发展水平在很大程度上反映了化学发展的深度。

◁**白云鄂博矿**区是内蒙古自治区包头市的一个市辖区，位于阴山之北，蕴藏着世界已探明总储量41%以上的稀土矿物及铁、铌、锰、磷、萤石等175种矿产资源，是享誉世界的“稀土之都”。

◁**磁化焙烧**是矿石加热到一定温度后在相应气氛中进行物理化学反应的过程。经磁化焙烧后，铁矿物的磁性显著增强，脉石矿物磁性则变化不大，如铁锰矿石经磁化焙烧后，其中的铁矿物变成强磁性铁矿物，锰矿物的磁性变化不大。因此，各种弱磁性铁矿石或铁锰矿石经磁化焙烧后，便可进行有效的磁选分离。

▷**临界速度**是一个含义广泛的概念，针对不同对象具有不同的含义，最主要的含义是物体切换两种状态之间的临界速度。

▷**广义流态化**是将经典流态化的概念延伸至颗粒和流体同时流动的系统。

态化**临界速度**的计算、**广义流态化**公式的应用等。

郭慕孙还参加多个技术座谈会、推广会和技术经验交流会，并在会上作报告；走访了众多单位，进行实地调研，作流态化学术专题报告。他将流态化技术的基本原理、国内外流态化学科的发展及我国对流态化技术的需求等撰写成讲解提纲，应邀赴北京师范大学、浙江大学等高校和国家部委讲学，介绍化学工程的进展，讲解流态化技术。

1978 年，被中国科学院任命为化工冶金研究所所长后，郭慕孙全面整顿和恢复化工冶金研究所在“文化大革命”中停滞的研究工作，在相对较短的时期内为研究所开辟了一个崭新的局面，所里的人才成长和研究工作都焕发出勃勃生机。

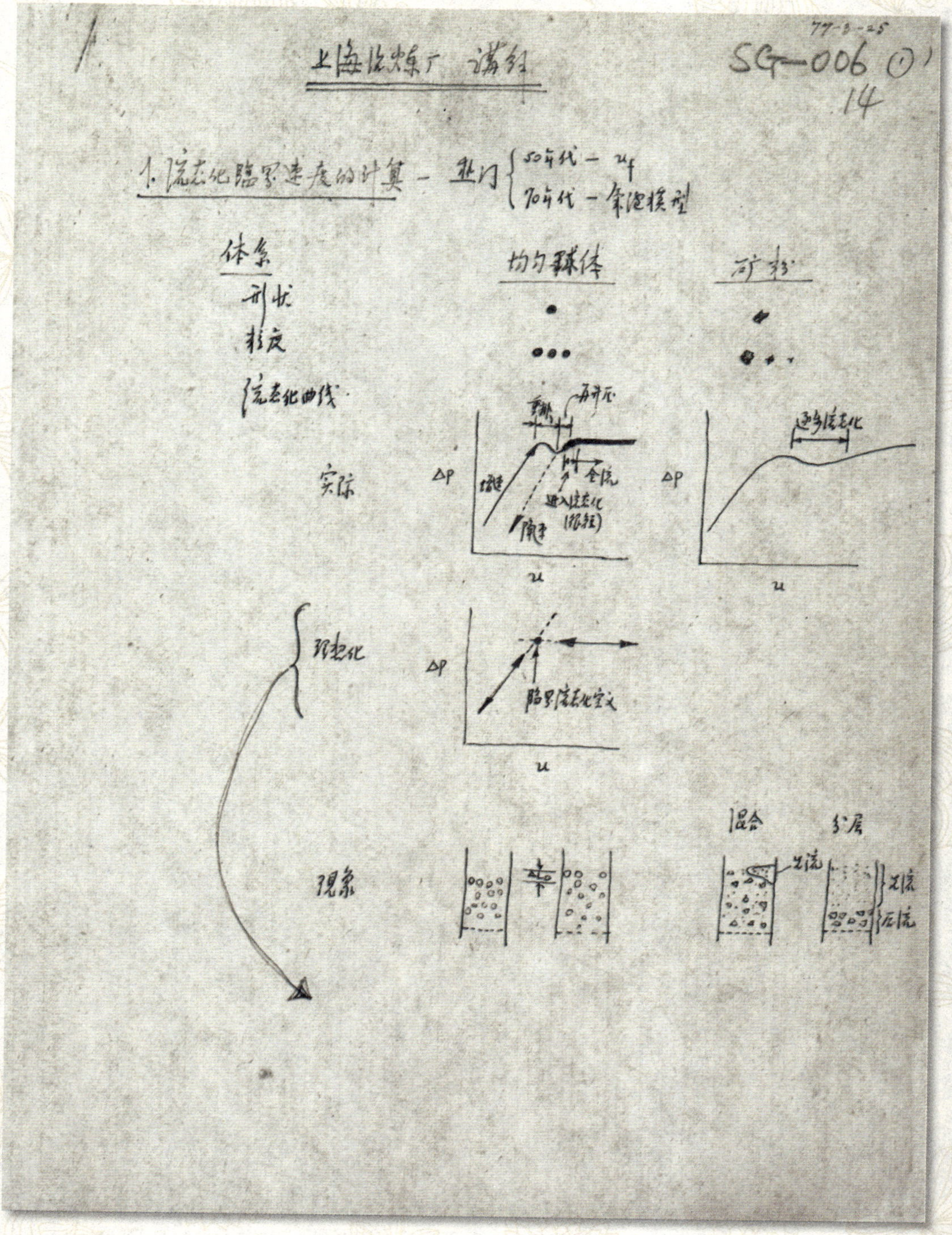

△ 1977 年郭慕孙在上海冶炼厂讲课的手稿

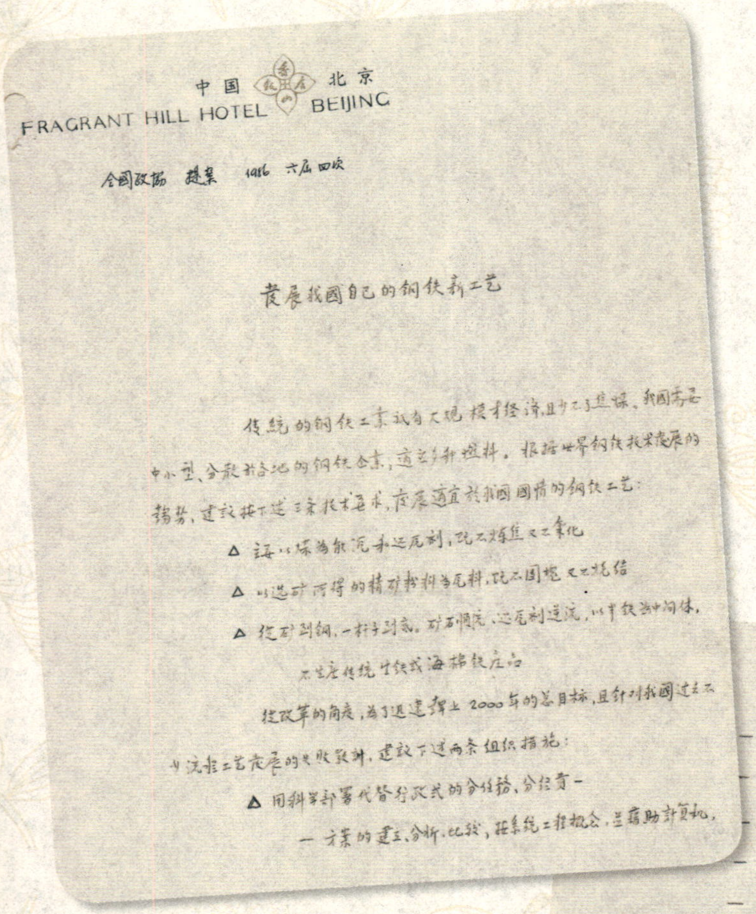

中国 北京

FRAGRANT HILL HOTEL BEIJING

全国政协 提案 1986 六届四次

发展我国自己的钢铁新工艺

传统的钢铁工业只有大规模才经济,且少不了焦煤。我国需要中小型、分散于各地的钢铁企业,适应多种燃料。根据世界钢铁技术发展的趋势,建议按下述三条技术要求,发展适宜于我国国情的钢铁工艺:

△ 直接以煤为能源和还原剂,既不炼焦又不气化

△ 以选矿所得的精矿粉料为原料,既不团块又不烧结

△ 从矿到钢,一杆子到底。矿石顺流、还原剂逆流,以半铁为中间体,不生产传统生铁或海绵铁产品

从改革的角度,为了迅速赶上2000年的总目标,且针对我国过去不少流程工艺发展的失败教训,建议下述两条组织措施:

△ 用科学部署代替行政式的分任务、分经费—

— 方案的建立、分析、比较,按系统工程概念,并藉助计算机,

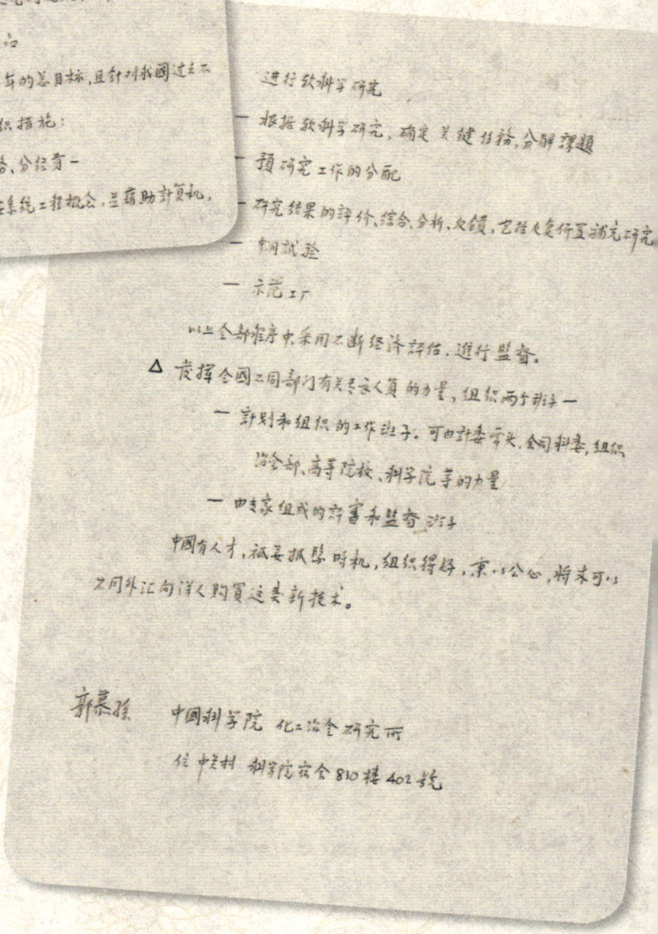

进行软科学研究

— 根据软科学研究,确定关键任务,分解课题

— 预研究工作的分配

— 研究结果的评价、综合分析、反馈,包括必要的补充研究

— 中间试验

— 示范工厂

以上全部程序中采用不断经济评估,进行监督。

△ 发挥全国不同部门有关专业人员的力量,组织两个班子—

— 计划和组织的工作班子。可由计委牵头,会同科委,组织冶金部、高等院校、科学院等的力量

— 由专家组成的评审和监督班子

中国有人才,祇要抓紧时机,组织得好,秉以公心,将来可以不用外汇向洋人购买这类新技术。

郭慕孙 中国科学院 化工冶金研究所

住 中关村 科学院宿舍810楼402號

△▷郭慕孙在六届四次政协会上的《关于发展我国自己的钢铁新工艺》提案手稿

4. 老骥伏枥　为我国科技教育事业建言献智

郭慕孙对国家、对社会有着高度的责任感，他几十年如一日地关心我国科技创新和教育事业的发展，积极向全国政协、中国科学院学部、北京市人大等建言献策。他曾多次就国家的科技、教育事业以及研究所的科技创新工作提出富有前瞻性、战略性和可行性的建议，其中一些已被有关部门采纳。

作为全国政协四届、五届、六届、七届委员，郭慕孙积极参政议政。在全国政协五届二次会议上，他提出中国科学院应精兵简缩及重视**软科学**的提案，认为精兵简缩有利于提高科技水平，有利于节约国家投资；在五届四次会议上，他提出《矿产综合利用设立专用科研基金》的提案；在六届四次会议上，提出了《发展我国自己的钢铁新工艺》《取消书刊发行限额》的提案；在1988年七届政协会议上，提出了"**科技进步税**"等提案。

郭慕孙非常关心我国的教育事业，在院士会议或与领导、同行的谈话中曾多次讨论教育问题，如"关于缩短学制、建立全民全龄的智力开发及终身学习制度的建议""扩大奋斗目标，设立国家行业奖""抗震救灾建议""农民致富——**过程工程**能做些什么""发展为老年人服务的产业""小康意识持续行动""发挥过程工程研究所在国外学习和定居人员的知识和联络作用"等多项建议。

即使进入耄耋之年，郭慕孙仍坚持创新，将自己的全部才智毫无保留地献给他深深热爱的祖国和人民。

◁**软科学**是现代自然科学和社会科学交叉发展而逐渐形成的一组具有高度综合性的新兴学科群，因与电子计算机"软件"的性质和功能相类比而得名。具体指对科技、经济、社会发展战略和宏观控制进行研究，为决策提供科学依据的综合性科学。又称科学指挥学、战略科学、政策科学等。

◁**科技进步税**是通过科技税制的完善来发挥税收对科技进步的调节作用。中国现行税制对科学技术的促进主要通过低税率或减免税来实现，主要涉及企业所得税、营业税、个人所得税、增值税等。

◁**过程工程**是个统称，与过程科学对应，通过一系列物理化学分离和化学反应（包括催化、电化与生化反应）改变原料的状态、微观结构和（或）化学组成的过程技术及配套的工程应用，统称为过程工程。1959年，在郭慕孙等编写的《过程工程研究》中首次提出了"过程工程"概念。

烧伤外科专家——盛志勇

盛志勇（1920年7月— ），生于上海，祖籍浙江德清。1942年毕业于上海医学院，1947年赴美国得克萨斯州立大学医学院进修。1996年当选中国工程院院士。现任全军烧伤研究所名誉所长，解放军总医院第一附属医院（原304医院）专家组组长。美国科学促进学会和国际外科学会会员，美国创伤学会、加拿大创伤学会和以色列烧伤学会荣誉会员。盛志勇主要从事创伤、烧伤外科临床和实验研究，为我国创、烧伤专业开创者之一，为我国医疗乃至世界的医疗事业做出了不可磨灭的贡献；在大面积深度烧伤治疗方面，把中国的烧伤救治水平推向了世界领先地位。1996年获全军首届专业技术重大贡献奖，总后勤部授予“一代名师”。2009年获光华工程科技奖。

1949年回国时，家人对盛志勇说：“你不该这个时候回来。”他却说，“生于斯时，立于斯土。”忆及当年回国的曲折情景，他至今感到庆幸：“我回来没多久，上海就解放了。此后中美间的航路中断，美国对归国的留学生都卡得很严，再回来就不容易了。”

1. 开展创伤医学临床研究　创建创伤外科中心

新中国成立初期，由于美军在朝鲜战场上使用**凝固汽油弹**等武器，在朝鲜战场上的很多中国士兵被烧伤，这促使我国在朝鲜战场和后方开创了烧伤早期抢救和后期整形的工作，并且取得了一定经验。1952 年，盛志勇从抗美援朝医疗队返回上海不久，即被调往刚刚成立的中国人民解放军军事医学科学院，在副院长**沈克非**的指导下，盛志勇结合在美国进修的实验外科专业，在中国人民解放军军事医学科学院组建了实验外科系。沈克非推荐盛志勇出任**实验外科**系副研究员，并共同开设了实验外科学课程，创建了我国第一个实验外科基地和野战外科实验基地，开展防治原子武器损伤、化学武器损伤和生物武器损伤三个方向的研究。

1961 年，盛志勇从中国人民解放军军事医学科学院调往中国人民解放军总医院第一医学中心（即 301 医院）担任**创伤外科**系主任，开始深入研究烧伤治疗技术。他带领人员做各种烧伤**植皮**实验，包括各种动物皮肤，但效果最好的还是人体皮肤。但人体皮肤不仅获取不易，保存也十分困难，临床上常常遇到有皮肤来源的时候没有伤员、有烧伤患者急需植皮的时候却又找不到皮肤来源的情况。于是，盛志勇提出建立**皮库**的设想，并建成了当时全国第一家、亚洲最大的低温异体皮库。

20 世纪 80 年代，时任总后勤部副部长的张汝光认为创伤外科在军事医学中十分重要，决定建立创伤外科中心。聂荣臻、徐向前元帅进一步指示要用战争的眼光关注烧伤外科的发展，要创造条件成立全军烧伤研究中心。1981 年，中央军委决定创建创伤外科中心，盛志勇被调到中国人民

▷**凝固汽油弹**是装有凝固汽油的炸弹。这种炸弹内装汽油和其他化学品制成的胶状物，通常以飞机进行投掷。爆炸后形成一层火焰向四周溅射，产生1000℃左右的高温，并能粘在其他物体上长时间燃烧。

▷**沈克非**（1898.3—1972），外科学家和医学教育家。中国外科学的先驱者之一，毕生致力于外科学的研究，对普通外科的发展和提高以及神经外科、血管外科的开拓和创建做出了重大贡献。

▷**实验外科**是联系基础医学和临床外科的“桥梁”，是外科学创新发展的基础和先导。主要内容包括动物实验和临床试验两个方面。

▷**创伤外科**是集普通外科、肝胆外科、心胸外科、神经外科、泌尿外科、矫形为一体的综合性科室。说得通俗一点，就是由各外科科室的医师组成的一个医疗团队。

▷**植皮**是一种针对皮肤问题的美容手术，一般会在自身健康皮肤处取一部分皮肤，用来覆盖切除疤痕的区域，对于那种大面积疤痕组织或者局部纹身不易清洗掉的情况比较有效。植皮手术适用于烫伤、烧伤等各种情况留下的疤痕。

解放军总医院第四医学中心（即 304 医院）任副院长兼创伤外科中心主任。彼时，304 医院的烧伤科就是原 301 医院的烧伤科，但盛志勇认为只有临床还不够，一定要把基础研究也做起来。于是，他把烧伤科的一些研究人员调出来专门成立了一个创伤研究室。创伤研究室主要做基础研究，同时也做临床，继承了急症外科医院与实验外科系的模式，与其他相关科室（如主要做临床的烧伤整形科）共同组建成为创伤外科中心。后来，盛志勇又从军事医学科学院、第三军医大学等单位引进了一批科研人员，补充科研力量。

在 304 医院，盛志勇带领团队就**烧伤脓毒症**的发病机制、诊断标准及防治措施进行了大样本临床回顾和前瞻性研究，提出“**细菌内毒素**是引起烧伤、战后脓毒症的主要原因”这一重要的外科学理论。他们深入研究烧伤脓毒症和**多器官功能障碍综合征**的发生机制及防治措施，降低了发生率和死亡率，总烧伤治愈率达 98%，达到世界先进水平。

严重烧伤患者救治的第一道难关是休克关。因为伤后 48 小时内大量血浆成分外渗兼有血细胞的破坏，极易产生**低血容量性休克**。虽然休克发生在烧伤早期，但对烧伤救治全程有着重要影响。对此，盛志勇提出了烧伤患者休克期综合复苏措施，大大提高了复苏效果，减少了后续治疗过程中可能出现的并发症。

20 世纪 80 年代末，盛志勇参与了《新编外科临床手册》的编写。该书由外科学各专业的 100 多位专家、教授编著。从盛志勇保存的一份由其撰写的关于外科感染一章

◁**皮库**是指医院中保存皮肤组织供移植用的设备。

◁**烧伤脓毒症**是深度烧伤后的常见并发症。可为单细菌或多细菌的混合感染，亦可由真菌所致。一般早期多为单一细菌感染，晚期多为混合感染。

◁**细菌内毒素**是革兰氏阴性菌细胞壁层上的特有结构。内毒素为外源性致热原，可激活中性粒细胞等，使之释放出一种内源性热原质，作用于体温调节中枢，从而引起发热。细菌内毒素的主要化学成分为脂多糖。

◁**多器官功能障碍综合征**是指机体在遭受严重创伤、休克、感染及外科大手术等急性疾病过程中，有两个或两个以上的器官或系统同时或序贯发生功能障碍，以致不能维持内环境稳定的临床综合征。

◁**低血容量性休克**是指因体液大量丢失引起有效循环血量减少，导致微循环障碍、组织灌注不足、细胞功能紊乱的病理生理过程。

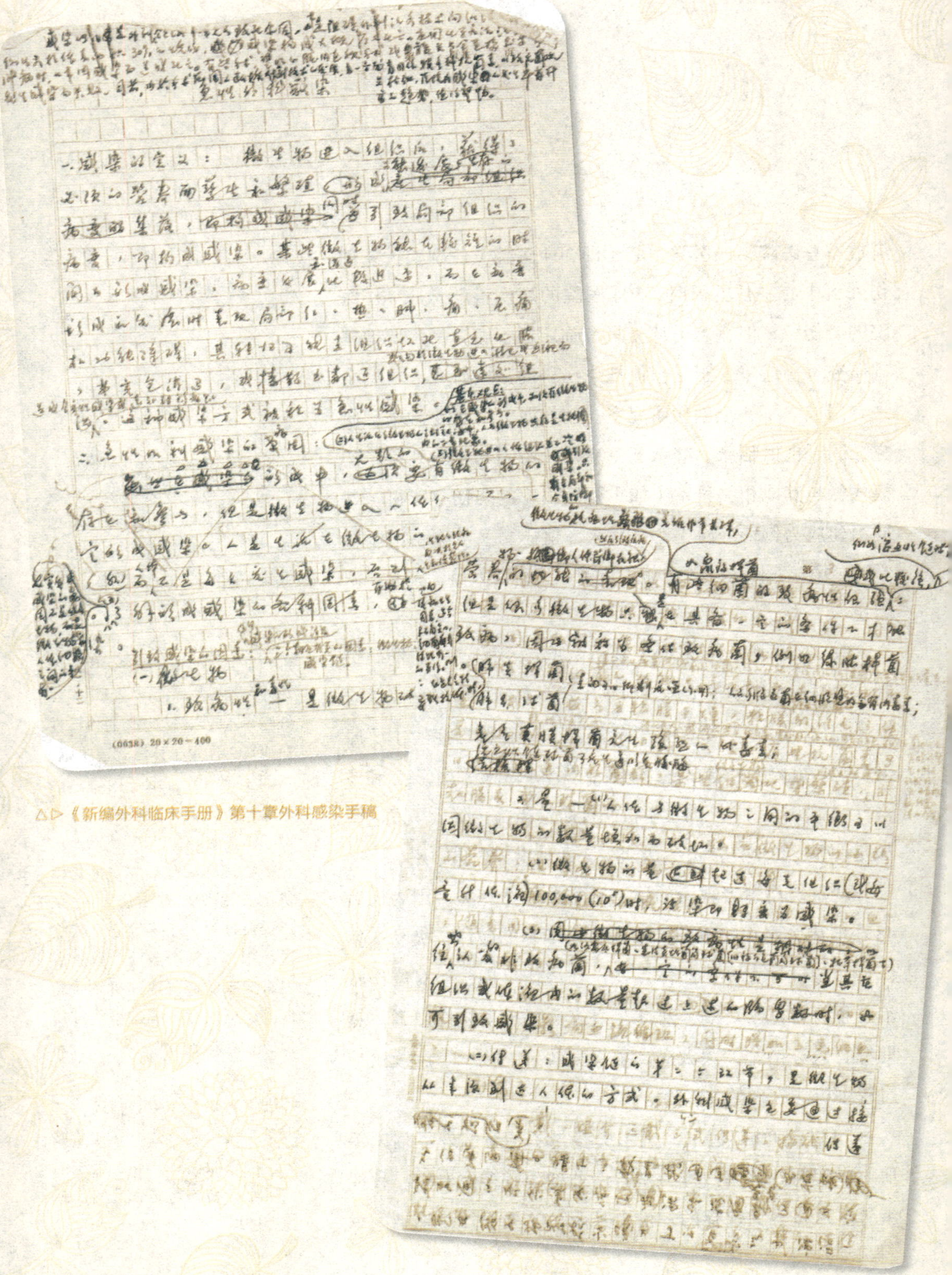

△▷《新编外科临床手册》第十章外科感染手稿

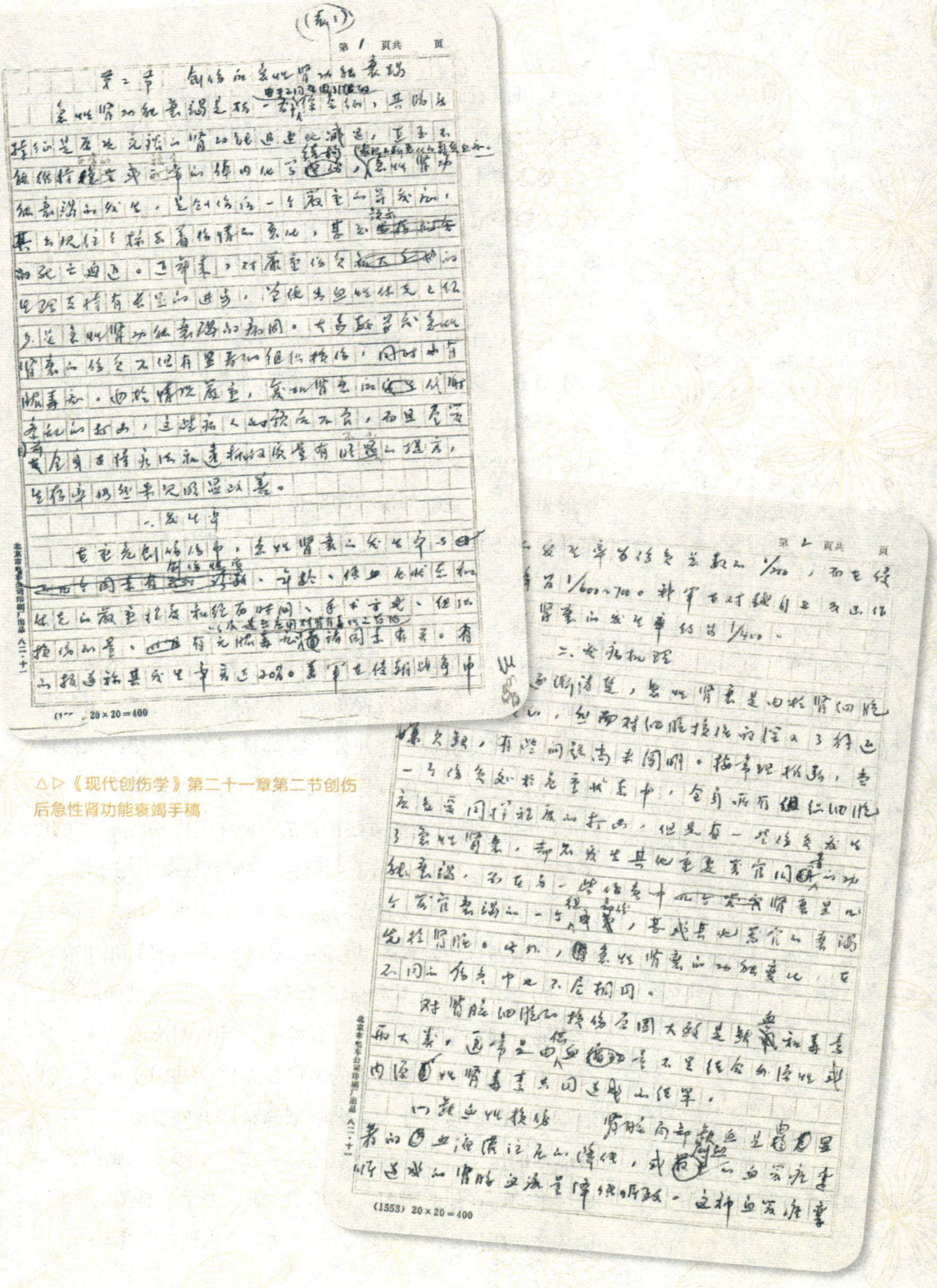

△▷《现代创伤学》第二十一章第二节创伤后急性肾功能衰竭手稿

▷**朱兆明**，北京协和医院外科住院医师主任医师、教授、博士生导师。长期从事烧伤及烧伤后整形的临床和科研工作。

▷**郭振荣**，原304医院全军烧伤研究所所长、教授、主任医师、博士生导师。

▷**付小兵**，创伤和组织修复与再生医学专家，中国工程院院士，解放军总医院生命科学院院长、教授、创伤外科研究员、博士生导师，解放军304医院全军创伤修复重点实验室主任，全军烧伤研究所副所长兼基础研究部主任。

▷**姚咏明**，解放军总医院野战外科研究所副所长兼304临床部（原304医院）急危重症救治中心副主任、全军烧伤研究所教授、博士生导师。主要从事创（战、烧）伤感染与免疫、休克、脓毒症和多器官功能障碍综合征发病机制及防治的实验及临床研究工作。

▷**胡森**，1991年考取盛志勇的博士生，在盛志勇的指导下一直从事创（烧、战）伤后多器官功能衰竭综合征发病机制和动物模型的研究。

▷**发病机理双相预激学说**认为，创伤后多器官衰竭发病经历了两次打击和（或）应激过程：即缺血再灌流损伤和失控的炎症反应。

的手稿可以看到，盛志勇对书稿进行了反复修改，书稿密密麻麻上百页，有黑色的、红色的等多种颜色的符号标记。

盛志勇十分重视基础医学研究，尤其重视将研究成果转化为能够应用于临床的过程。1995年，创伤外科中心更名为全军烧伤中心。盛志勇在烧伤外科研究中心大楼建立了好几个实验室，经过盛志勇、**朱兆明**、**郭振荣**及其学生们几代人几十年的不懈努力，烧伤研究中心在学科建设、人才培养、医疗、教学、科研等方面都取得了显著成绩。考虑到临床治疗与基础研究的结合，盛志勇又将全军烧伤中心改为全军烧伤研究所，收治来自军队和地方的烧伤与整形患者。其基础部研究团队也日益壮大，无论从临床还是从科研方面，304医院的全军烧伤研究所在国内都处于领先水平。

目前，全军烧伤研究所的基础研究主要分为三大部分，其中，创伤修复实验室由**付小兵**院士负责，感染和脓毒症实验室由**姚咏明**教授负责，休克和多器官衰竭实验室由**胡森**研究员负责。这几位专家都是盛志勇直接或间接培养起来的。盛志勇还领导完成了全军指令性攻关课题“创（烧）伤后多器官功能衰竭的研究”，在国内外第一次提出了**发病机理双相预激学说**，并将这一研究成果应用于临床，使大面积烧伤患者多器官功能衰竭的发生率由18%下降到6.9%、多器官功能衰竭患者病死率由88.4%下降到40%。

90年代，盛志勇参与了《现代创伤学》中创伤后急性肾功能衰竭等章节的撰写。看那一行行密密麻麻的中、英文手稿，就知道手稿提供的不仅仅是医学知识，更是一种治学严谨的态度。作为一名临床与科研共同发展而且都十分成功的医生，盛志勇就是这样一步一个脚印、踏踏实实走过来的。在他的眼中，患者、科研、医学就是他的一切，他是这样严格要求自己的，也是这样要求他的学生们。

2. 鼓励严谨治学　推动烧伤整形外科发展

盛志勇对某个问题感兴趣时，从来不考虑发文（SCI或其他研究期刊论文）要求，他认为只要对科研、临床有用就可以。但同时，他也鼓励年轻的科研人员在国际期刊发表论文。他经常对学生讲："如果做了比较有创新性的东西，不要满足于在国内发表论文，要把这个论文发表到国际期刊，让国际同行也认可我们的工作。"

◁ **SCI** 全称是 Science Citation Index，是美国科学信息研究所出版的一部世界著名的期刊文献检索工具。它不仅是一部重要的检索工具书，而且也是科学研究成果评价的一项重要依据。

20世纪90年代初期，语言是撰写英文论文的一大难关，当时很多学生认为能在国内发表论文就挺好了。盛志勇总是不断地鼓励他们："只要觉得自己的成果创新性比较强、有独特的地方，就可以慢慢写；英文不好，可以提高、可以不断修改。"盛志勇给学生修改文章非常认真、严谨，每一个符号、每一个标点都反复斟酌，改完之后会让学生用打字机打印，再拿去给他看。修改论文时，他还会将学生叫到身边，告诉他们哪个词表达得不好、应该用什么词、应该怎样表达比较好。个别表述不清、理解不了的地方，他就会问学生的中文内容想表达什么意思，然后再告诉他们英文需要怎么改。不管多忙，他都会十分认真地修改学生们的文章。

2000年，全军第18届烧伤整形专业学术会议在北京召开，盛志勇在会上作总结发言。这篇发言可以说是盛志勇治学精华的总结。在肯定国内学术界发展的同时，他谈到学科发展和对烧伤整形外科发展过程中的一些建议，提醒大家要时刻有危机感，要在烧伤整形外科领域不断努力奋斗，不仅要追踪国际先进成果，而且要争取在更大的领域超过他们。

各位领导和同行专家大家好！

首先对全军第 18 届烧伤整形专业学术会议的成功召开表示热烈的祝贺。

衷心的感谢总后卫生部、北京军区联勤部第 6 分部、张家口市市委市政府和 251 医院领导为本届会议的胜利召开给予的支持和帮助，并感谢到会的地方专家教授与会指导。

这次会议收到论文 1360 篇，经专业委员会审稿录用 974 篇。会议实到代表 280 人，大会和分会发言 174 篇。大家交流了近两年来全军烧伤整形专业所取得的学术成果和临床工作总结，对近两年来烧伤整形专业学术领域的学术热点进行了专题报告和讨论。对提高全军烧伤整形专业的学术水平起到了积极的促进作用，达到了予期目的并取得圆满成功。

△盛志勇在全军第 18 届烧伤整形专业学术会议上的发言稿手稿（一）

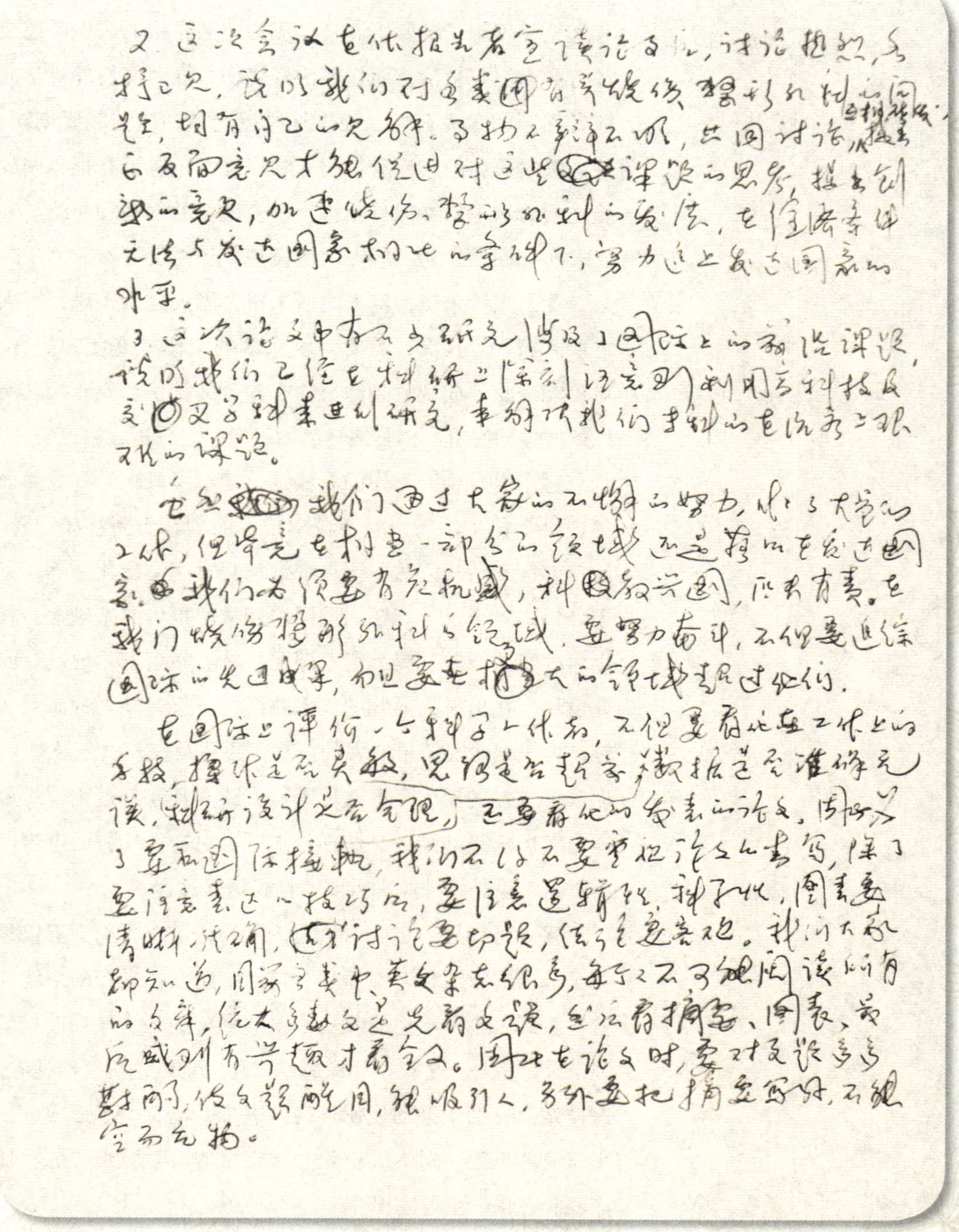
2. 这次会议有代报告者宣读论文的，讨论热烈，各抒己见，说明我们对全军国内外烧伤整形外科的问题，均有自己的见解。与协会前辈共同讨论，从报告的反面意见大都能从他对这些课题的思考，提出创新的意见，加速烧伤、整形外科的发展，在经济条件不比发达国家相比的条件下，努力追上发达国家的水平。

3. 这次论文中有不少是研究涉及了国际上的前沿课题，说明我们已经在材料学、保存研究利用高科技及交叉学科来进行研究，本身对我们来说也是高水平的课题。

也就是我们通过大家的不懈的努力，做了大量的工作，但毕竟在相当一部分的领域还是落后于发达国家。我们必须要有危机感，科教兴国，匹夫有责。在我们烧伤整形外科的领域，要努力奋斗，不但要追踪国际的先进水平，而且要在扩大的领域超过他们。

在国际上评价一个科学工作者，不但要看他在工作上的手技，操作是否高超，思维是否敏捷，数据是否准确无误，材料设计是否合理，还要看他的发表的论文。为了要和国际接轨，我们不仅要重视论文的书写，除了要注意表达的技巧外，要注意逻辑性、科学性，图表要清晰、准确，讨论要切题，结论要恰当。我们大家都知道，国外专业中，英文杂志很多，每个人不可能阅读所有的文章，往往多数只是先看文题，然后看摘要、图表，最后感到有兴趣才看全文。因此在论文时，要对投稿多下些功夫，使文题醒目，能吸引人，另外要把摘要写好，不能空而无物。

△全军第 18 届烧伤整形专业学术会议上盛志勇的发言稿手稿（二）

他指出，从事医学科学事业的临床医生，首先必须要有远见和理想。既要培养自己成为一名合格的医生，还要怀有“不但要救治，而且要治好烧伤、推动烧伤外科学向前发展”的远大目标。烧伤外科理论和临床实践要创新，基础医学研究的成果有待引入临床医学，应该有把我国的烧伤救治水平始终保持在世界一流地位的气魄和胆略。在寻求研究课题之初，应该大胆设想，还需要“察人之所未察，疑人之所未疑，辨人之所未辨，思人之所未思，行人之所未行”。其次，需要对所从事的工作有高度的热忱，对可能经受到或观察到的事物有深刻的认识，要有探其所以然的强烈好奇心，驱使自己去思考、去分析、去证实。

盛志勇对临床工作的看法是，绝不可只求经济效益而忽视科学技术创新，要用科学技术的创新更新临床观念、治疗方针和治疗方法；要在细致地观察病情变化之际，勤于分析、善于思考。在阅读国内外学术报告的基础上，找出尚存在的问题，提出研究课题；然后实事求是地进行研究设计，找出解决问题的技术路线，进行有计划的研究实施，再根据研究结果“去伪存真，由此及彼，由表及里”，形成科学性的概念；谨慎地进行实践并观察其过程，最后得出实事求是的结果。这样，不但可对烧伤外科的进步做出贡献，也是一种非常重要的自我培养过程。

盛志勇指导年轻同行撰写论文时说道，写论文不仅是为了追求提级或晋升，而是对自己临床工作进行的系统性科学总结。论文不但能收集个人的临床经验、教训或是研究结果，更是一个科学性的总结，可以把结论传播给他人。这样做，有助于推动烧伤外科的进步，也有助于形成进一步研究的框架，对本人也是非常宝贵的科学思维锻炼和临床经验升华，不可漠视。

盛志勇在多种场合都谈到，他在烧伤领域多年，感触最深的两点是：第一，一个好的医生必须善于临床观察，从大量成功、失败的病例中找出规律性的东西并用心总结；第二，临床必须和科研相结合，没有科学研究，临床效果就不可能有突破。医院的科学研究应该着眼临床，把临床救治中的难点作为科研重点，用科研取得的成果指导临床救治。盛志勇及其同行在烧伤领域里取得的一系列创新性研究成果，使得我国的大面积烧伤救治水平处于世界领先地位。

作物种质资源专家——董玉琛

董玉琛（1926 年 6 月—2011 年 9 月），生于河北高阳。1950 年毕业于河北省立农学院，1959 年获苏联哈尔科夫农学院副博士学位，1999 年当选中国工程院院士。我国作物种质资源学科奠基人之一。长期从事作物种质资源研究及其组织实施。提出了我国作物种质资源研究的方针，参加组建中国作物品种资源研究所，制定全国研究规划，提出不同阶段国家种质资源研究重点。主持建成现代化国家作物种质库（基因库），提出种质入库的技术路线，组织 20 万份种质资源入库长期保存，使我国作物种质资源保存跃居世界前列。考察收集我国北方小麦野生近缘植物，基本查明其种类、分布、生境、染色体数和 15 个种的核型。发现 2 个能使属间杂种染色体自然加倍的小麦种质，并揭示了其自然加倍的细胞学机理，利用其育成 22 个小麦-山羊草双二倍体。应用现代生物技术将 6 个属与小麦杂交成功，其中 3 个属为首例，为利用野生种扩大小麦遗传基础开辟了新途径。

对于我国作物种质资源学科的发展，董玉琛具有强烈的历史责任感，正如她所说，“为作物种质资源学科献身是我的历史责任，也是我最大的快乐”。

1. 留学苏联　确定作物种质资源研究方向

1950 年，董玉琛大学毕业后到华北农业科学研究所（今中国农业科学院）作物系担任技术员，先后参加了“中央农业部农业技术考察团”和“米丘林农业植物选种及良种繁育讲习班”。

由于工作突出，1954 年，董玉琛被派往苏联南部的**哈尔科夫农学院**攻读副博士学位。在苏联老师和同学的热情帮助下，她很快适应了哈尔科夫农学院紧张的学习和生活。在研究方向的选择上，董玉琛出国前倾向于学习棉花选种与栽培，但组织上安排她学习小麦**育种**。董玉琛的导师是苏联著名小麦育种学家、院士 В.И. 尤利耶夫。当时尤利耶夫年事已高，对董玉琛的学习只做原则性指导。她的学习和科研主要由副导师伊里银斯卡亚·层蒂洛维奇具体负责。伊里银斯卡亚·层蒂洛维奇是一位工作十分严谨、严格而又和蔼可亲的导师，他要求董玉琛牢记科研的每个环节，教导她如何科学分析调查数据，逐字逐句地为她修改论文，尽心帮助她提高科研能力。

董玉琛的研究题目是“冬小麦**正反交杂种**越冬性的形成”。1955 年冬，苏联哈尔科夫地区遭遇冻害，冬小麦全部被冻死，董玉琛的试验麦苗也没能幸免，实验陷入困境。她当时有些气馁，甚至想转做棉花。1956 年春，她利用空闲时间到奥德萨**全苏育种和遗传研究所**学习，她的实验在这里迎来了转机。奥德萨全苏育种和遗传研究所副所长 D.A. 多尔古辛院士在了解到董玉琛遇到的困难后，主动提出为她提供做小麦杂交的试验材料，并帮她选配杂交组合，使得她的试验得以继续。

▷**哈尔科夫农学院**现名乌克兰哈尔科夫国立农业大学。成立于 1816 年，是乌克兰农业教育和科学的中心，主要培养高技能的专业农业人才，提供有效的科学基础和实验研究。

▷**育种**是通过创造遗传变异、改良遗传特性以培育优良动植物新品种的技术。育种以遗传学为理论基础，并综合应用生态、生理、生化、病理和生物统计等多种学科知识，对发展畜牧业和种植业具有十分重要的意义。

▷**正反交杂种**是正交种和反交种的统称。正交种是指杂交种由父本及母本杂交而成，在繁殖期间，去除母本的雄蕊，保留父本的雄蕊，然后将父本花粉授于母本的花丝，母本植株上产出的籽粒即为正交种。反交种是指将原来的父本作为母本，而将原来的母本作为父本，这样生产出来的籽粒是反交种。

▷**全苏育种和遗传研究所**是全苏列宁农业科学院作物栽培与育种学部下设的研究所，设于奥德萨。主要研究小麦、大麦、玉米、饲料作物、马铃薯和油料作物等生物学和育种原理，选育高产优良品种和杂交种并研究其栽培技术。全苏列宁农业科学院是苏联最高农业科学研究机构，设有 10 个专业学部和 8 个地区学部，有科技人员 1.9 万人。

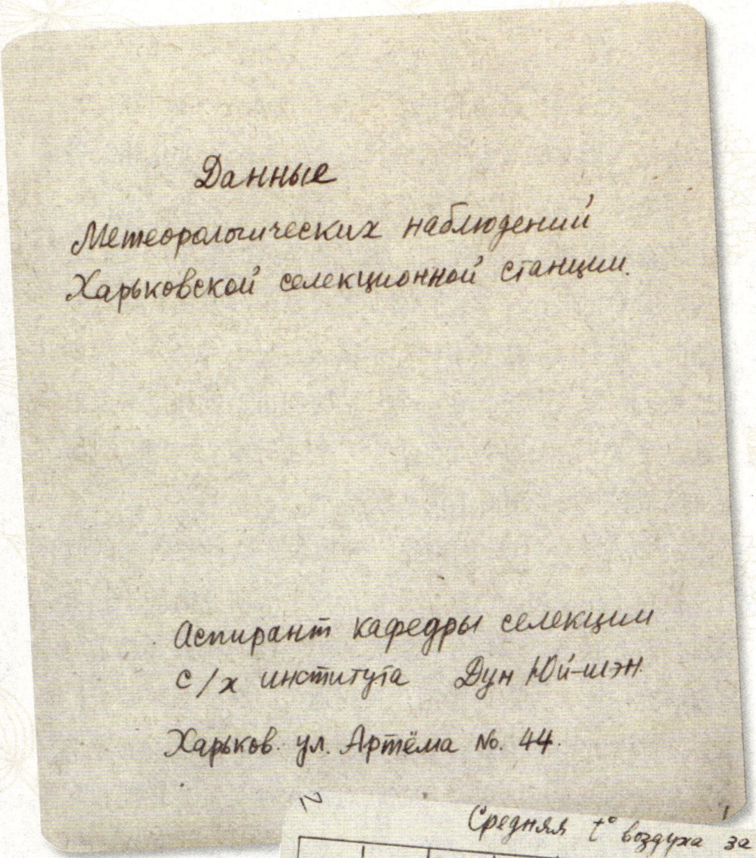

Данные
Метеоралогических наблюдений
Харьковской селекционной станции.

Аспирант кафедры селекции
с/х института Дун Юй-шэн

Харьков. ул. Артёма No. 44.

◁▽董玉琛留苏期间的实验记录手稿

Средняя t° воздуха за 1954 г. на ХГСС

Таблица No. 1

Число	Январь	Февраль	Март	Апрель	Май	Июнь	Июль	Август	Сентябрь	Октябрь	Ноябрь	Декабрь
1	-13.5	-26.7	-6.6	0.5	15.3	19.4	26.0	28.0	15.7	8.2	4.0	-4.9
2	-17.8	-18.7	-7.1	1.9	19.6	21.1	23.3	19.3	15.1	7.4	4.3	-7.9
3	-19.4	-15.7	-5.6	2.6	20.4	20.6	25.4	18.7	15.2	5.3	5.1	-8.1
4	-13.9	-17.6	-4.3	1.0	21.8	12.6	27.4	22.8	20.0	5.7	5.9	-8.2
5	-13.9	-18.9	-3.4	1.8	21.6	12.2	26.1	25.7	16.5	4.8	7.5	-6.4
6	-17.8	-19.8	-3.5	4.5	20.6	16.1	24.2	23.8	18.1	4.3	6.3	-4.7
7	-16.1	-19.5	-5.7	7.9	21.7	18.1	20.0	21.6	19.3	3.8	6.6	-3.0
8	-11.9	-18.5	-3.9	8.6	20.7	20.1	24.7	21.5	19.9	5.5	4.9	-1.5
9	-16.5	-19.4	-3.2	3.1	20.3	22.8	28.6	23.3	18.7	4.8	8.4	1.8
10	-14.6	-14.5	-4.0	1.8	20.4	23.3	25.1	25.1	16.4	4.2	8.5	-1.2
средн. 1 дек.	-15.5	-18.9	-4.7	3.4	20.2	18.6	25.1	22.9	17.7	5.4	6.1	-4.4
11	-10.6	-15.1	-5.5	-0.4	17.0	23.7	23.7	25.0	15.0	5.0	8.4	-1.3
12	-7.8	-14.0	-4.2	1.5	13.7	24.3	21.9	20.8	18.5	7.6	9.1	-4.1
13	-16.0	-14.9	-2.1	2.7	12.3	20.1	22.7	20.3	20.2	10.1	7.9	-5.6
14	-22.6	-11.8	2.4	3.3	8.3	23.5	23.2	20.6	18.6	9.0	8.7	-4.5
15	-22.7	-8.0	-4.8	5.3	11.0	25.3	20.7	26.0	17.9	10.2	8.0	-5.7
16	-15.8	-12.7	-2.2	6.7	11.4	27.6	18.9	26.9	20.6	11.1	4.1	-2.5
17	0.6	-20.9	-0.7	11.5	11.8	28.2	20.3	27.6	18.6	11.4	1.8	-0.7
18	-2.7	-20.3	-1.8	10.1	14.5	25.1	19.4	27.6	19.0	5.2	0.7	-1.6
19	-5.9	-24.0	-1.1	12.0	17.2	24.9	22.7	27.2	14.0	8.9	3.2	-1.5
20	-8.0	-19.9	-6.5	12.3	21.5	24.4	23.7	23.6	13.3	12.4	5.8	-0.5
средн. 2 дек.	-11.2	-16.2	-3.1	6.5	13.9	24.7	21.7	24.6	17.6	9.1	5.8	-2.8

实验完成后，董玉琛的学习研究进入论文撰写阶段。她非常重视论文撰写中资料的收集，为了全面搜集相关资料，她于1957年10月到莫斯科的全苏最大的图书馆列宁图书馆查阅资料、撰写论文。全国各学科的学位论文都会在列宁图书馆保存一本，查阅参考文献十分方便。在莫斯科期间，董玉琛借住在中国同学宿舍，每天乘坐公共汽车和地铁去列宁图书馆。在一个月的时间里，她阅读了大量文献并完成了论文初稿。经过反复补充修改，1959年1月，董玉琛顺利通过了副博士论文答辩。

20世纪50年代，国内正在开展农作物种质资源的收集与整理工作。当时，我国**作物种质资源**研究尚处于起步阶段，而苏联已将作物种质资源作为一门学科并开展了一系列研究，许多方面处于国际领先地位。在董玉琛博士论文答辩前夕，中国农业科学院作物育种栽培研究所领导来信，希望她毕业后就近学习苏联对作物种质资源管理和利用的经验。经组织同意，董玉琛联系了**全苏植物栽培学研究所**（今瓦维洛夫全俄植物栽培科学研究所），用留学期间省吃俭用攒下的生活费自费来到位于列宁格勒的全苏植物栽培学研究所进修。正是这段进修经历，让她将此后的研究方向确定在作物种质资源上并坚守一生。

在全苏植物栽培学研究所，董玉琛着重了解小麦种质资源，并到研究所的每个系室访谈，深入了解他们的研究目标、设施条件、主要成果和工作经验。全苏植物栽培学研究所的成就深深感召了她，而该所标本室井井有序的种质管理、品种的丰富程度更使她热爱上了作物种质资源这门学科。她深知这项工作的重要性，认识到“作物种质资源是千百年来自然选择和人工选择的产物，是改良作物品种的基因来源，任何种质一旦从地球上消失，它携带的基因便不能再人工创造出来”。

▷**作物种质资源**又称品种资源、遗传资源或基因资源。作为生物资源的重要组成部分，是培育作物优质、高产、抗病（虫）、抗逆新品种的物质基础，是人类社会生存与发展的战略性资源；是提高农业综合生产能力、维系国家食物安全的重要保证；是我国农业得以持续发展的重要基础。

▷**全苏植物栽培学研究所**是苏联列宁农业科学院作物栽培与育种学部的下设机构，专门从事作物种质资源工作的研究机构，设于列宁格勒，1930年在全苏应用植物和新作物研究所的基础上建立。主要任务是搜集、保存和研究苏联国内外的植物资源，供作物育种利用，保存植物种质资源30余万份。

2. 坚持小麦品种资源科研　推动作物种质资源学科发展

1959 年 5 月，董玉琛从苏联学成归国，到中国农业科学院作物育种栽培研究所担任**原始材料**室副主任。1959 年，她首先提出将“原始材料”的说法改为“品种资源”，并得到科技界的认可和接受。此后，她在第一次全国育种工作大会上提出中国作物品种资源工作的任务，以及国内收集、国外引种（检疫）、保存、登记编号、建立档案、特性鉴定、深入研究、编制品种资源目录、编写品种志、提供利用等种质资源研究的工作细则，为我国作物种质资源工作的开展指明了方向。董玉琛带领其课题组研究、保存和利用小麦种质资源，为“**欧柔**”等小麦优良种在全国小麦育种中发挥重大作用做出了突出贡献。

◁**原始材料**即育种的原始材料，现称“品种资源”“种质资源”。一般指具有特定种质或基因，可供育种及相关研究利用的各种生物类型。

◁**欧柔**是 20 世纪 60 年代初我国从智利引入的小麦优良种。经中国农业科学院作物研究所原品种资源室试种鉴定，发现该品种丰产性好、抗锈病力强，并于第二年分寄全国各省试种。

1965 年 1 月，董玉琛在西北春麦区北部开展麦类品种资源调查。在调查前，她进行了深入而细致的思考，明确了调查的目的、内容和方法，列出了详尽的调查提纲。由于调查时间短，又恰逢非小麦生长季节，董玉琛采用座谈访问和资料收集相结合的方法，详细调查该地区的自然和农业生产基本情况，麦类品种资源（小麦、莜麦、大麦和黑麦）的分布、产量、品种、栽培技术、栽培特点和存在问题，还特别注意所到地区在**引种**和**换种**中积累的经验教训以及该地区农业科学研究所开展品种工作的情况。通过此次调查，董玉琛团队收集了大量资料和数据，写出了翔实的调查报告，较为全面地了解了西北春麦区北部的麦类品种资源情况，为今后科研工作更密切地与生产结合打下了基础。

◁广义的**引种**是指把外地或国外的新作物、新品种或品系以及研究用的遗传材料引入当地。狭义的引种是指生产性引种，即引入能供生产上推广栽培的优良品种。

◁**换种**指的是本地区农户间互相交换种子种植。一般数量较少，并不以赢利为目的。

受“文化大革命”影响，1971 年 6 月，中国农业科学院作物育种栽培研究所与北京市农业科学研究所合并为北

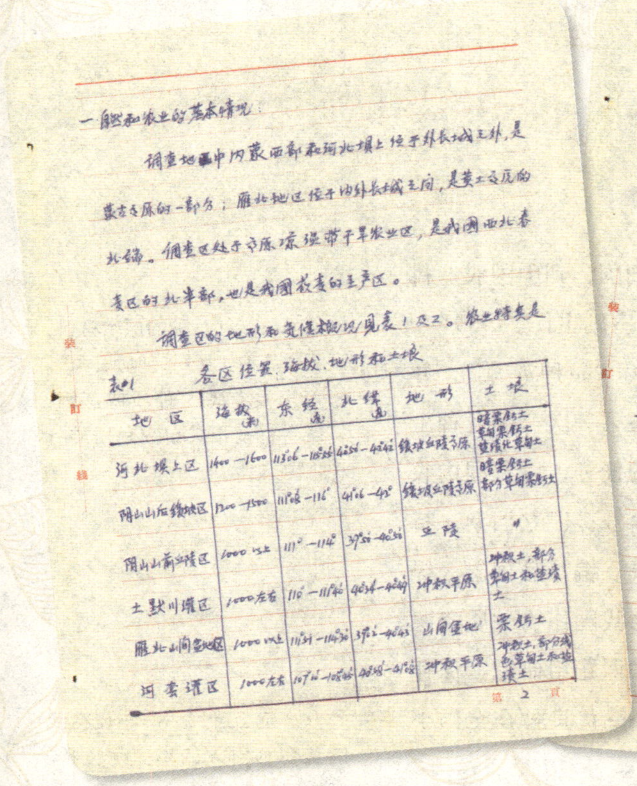
一、自然和农业的基本情况：

调查地区中内蒙西部和河北坝上位于外长城之外，是蒙古高原的一部分；雁北地区位于内外长城之间，是黄土高原的北端。调查区处于高原冻温带干旱农业区，是我国西北春麦区的北半部，也是我国莜麦的主产区。

调查区的地形和气候概况见表1及2。农业特点是

表1 各区位置、海拔、地形和土壤

地区	海拔(米)	东经(度)	北纬(度)	地形	土壤
河北坝上区	1400—1600	113°06′—115°55′	40°56′—42°42′	缓坡丘陵高原	暗栗钙土 草甸栗钙土 盐渍化草甸土
阴山山后缓坡区	1200—1500	111°08′—116°	41°06′—42°	缓坡丘陵高原	暗栗钙土 部分草甸栗钙土
阴山山前丘陵区	1000以上	111°—114°	37°50′—40°50′	丘陵	〃
土默川灌区	1000左右	110°—111°40′	40°34′—40°49′	冲积平原	冲积土，部分草甸土和盐渍土
雁北山间盆地区	1000以上	111°31′—114°30′	37°02′—40°43′	山间盆地	栗钙土
河套灌区	1000左右	107°10′—108°45′	40°38′—41°08′	冲积平原	冲积土，部分浅色草甸土和盐渍土

第 2 页

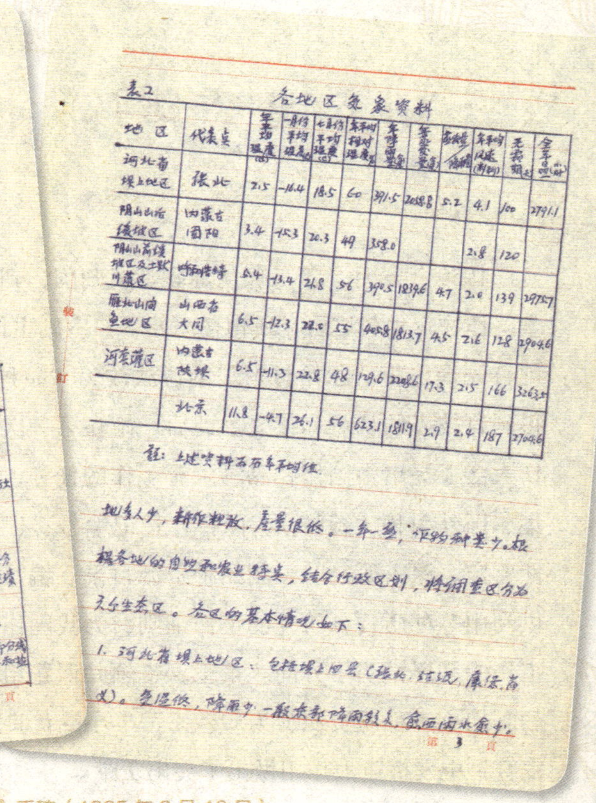
表2 各地区气象资料

地区	代表点	年平均温度(℃)	一月份平均温度(℃)	七月份平均温度(℃)	年平均相对湿度(%)	年降雨量(毫米)	年蒸发量(毫米)	蒸发量/降雨量	年平均风速(米/秒)	无霜期(天)	全年日照(小时)
河北省坝上地区	张北	2.5	-16.4	18.5	60	391.5	2058.8	5.2	4.1	100	2791.1
阴山山后缓坡区	内蒙古固阳	3.4	-15.3	20.3	49	358.0			2.8	120	
阴山山前丘陵区及土默川灌区	呼和浩特	5.4	-13.4	24.8	56	390.5	1839.6	4.7	2.0	139	2975.7
雁北山间盆地区	山西省大同	6.5	-12.3	22.0	55	405.8	1813.7	4.5	2.6	128	2904.6
河套灌区	内蒙古陕坝	6.5	-11.3	22.8	48	129.6	2208.6	17.3	2.5	166	3263.5
	北京	11.8	-4.7	26.1	56	623.1	1811.9	2.9	2.4	187	2704.6

注：上述资料为历年平均值。

地多人少，耕作粗放，产量很低。一年一熟，作物种类少。根据各地的自然和农业特点，结合行政区划，将调查区分为六个生态区。各区的基本情况如下：

1. 河北省坝上地区：包括坝上四县（张北、沽源、康保、尚义）。气温低，降雨少，一般东部降雨较多，愈西雨水愈少。

第 3 页

△董玉琛《西北北部麦类品种资源初步调查汇报》手稿（1965年2月16日）

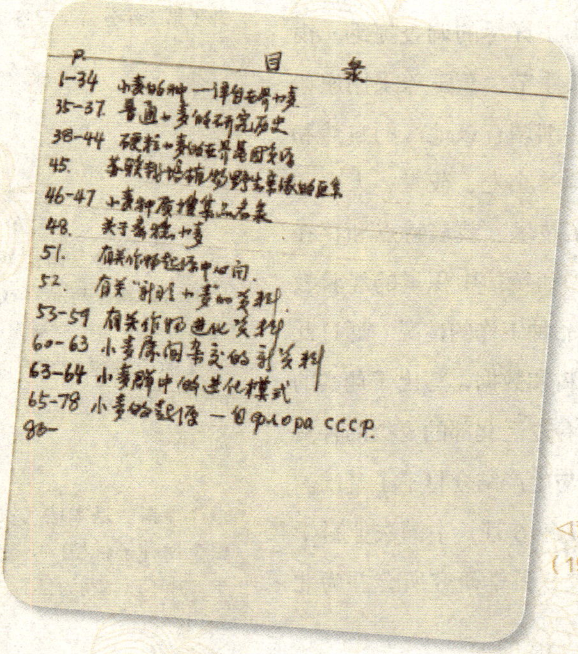
P. 目 录

1-34 小麦的种—译自苏联小麦
35-37 普通小麦的研究历史
38-44 硬粒小麦在苏联国内分布
45. 苏联栽培植物野生亲缘的区系
46-47 小麦种质搜集品名录
48. 关于春性小麦
51. 有关作物起源中心问题
52. 有关"新的小麦"的资料
53-59 有关作物进化资料
60-63 小麦属间杂交的新资料
63-64 小麦群中的进化模式
65-78 小麦的起源—自флора СССР
88—

◁董玉琛在"文化大革命"期间的手稿和笔记（1976年）

京市农业科学研究所作物研究室。中国农业科学院的品种资源研究机构被取消，人员也被遣散到各地，许多作物品种资源丢失，我国作物种质资源事业遭受巨大损失。

但董玉琛没有放弃。她一方面坚持学习业务知识、做读书笔记，将当时能收集到的有关作物品种资源和农业生产资料都记录下来。现存的董玉琛手稿中有两本读书笔记是在这一时期写成的，其中摘抄记录有《有关作物起源中心问题的摘录》《有关“新疆小麦”的资料》《有关作物进化问题的摘录》《小麦属间杂交的新资料》《小麦群中的进化模式》《小麦的起源》等。这些读书笔记表明，董玉琛已经开始关注小麦起源问题、小麦属间杂交和新疆小麦的研究，这为她以后在小麦起源问题和小麦属间杂交方面的深入研究奠定了基础。

另一方面，她坚持开展小麦品种资源的科研工作。当时的研究项目大多被迫中断，但董玉琛仍然认真地做科研，坚持做自己的项目，同时抓研究所的业务工作。她带领原品种资源室的成员对存放在中国农业科学院内的**麦类资源库**中的小麦种质资源进行**繁种**、更新、保存和编目。为了保持种子活力，麦类资源库中的小麦种子一般保存5年就要进行繁殖更新。董玉琛就带领小麦组成员将保存5年的小麦种子播种到中国农业科学院的试验地里，用收获的新种子替换到期的陈种子，使小麦种质资源得到更新，从而将这些宝贵的小麦种质资源保存下来。即使被派到北京市延庆县驻村，她也念念不忘在中国农业科学院开展麦类品种资源的保种工作。正是她带领团队不懈努力，才保存了一批珍贵的麦类品种资源，为后来我国小麦育种工作提供了条件。麦类资源库的种子也成为中国农业科学院在“文化大革命”后唯一保存下来的作物种子。在现存的手稿资料《作物所春麦原始材料保种圃无**叶锈留种**》中，董

◁**麦类资源库**建于1943年，位于今中国农业科学院研究生院所在地。该麦类资源库可存放1万多份种子。正常的成熟种子在该库中保存5年，发芽率仍保持在60%以上。

◁**繁种**即种子繁殖。

◁**叶锈**此处特指小麦叶锈病，又称黄疸病，是由小麦隐匿柄锈菌侵染所引起的、发生在小麦上的病害。主要危害小麦叶片，产生疱疹状病斑，很少危害叶鞘和茎秆。小麦叶锈病在全世界小麦种植区都有发生。中国以西南和长江流域一带发生较重，华北和东北部分麦区也较重。

◁**留种**即留存种子。

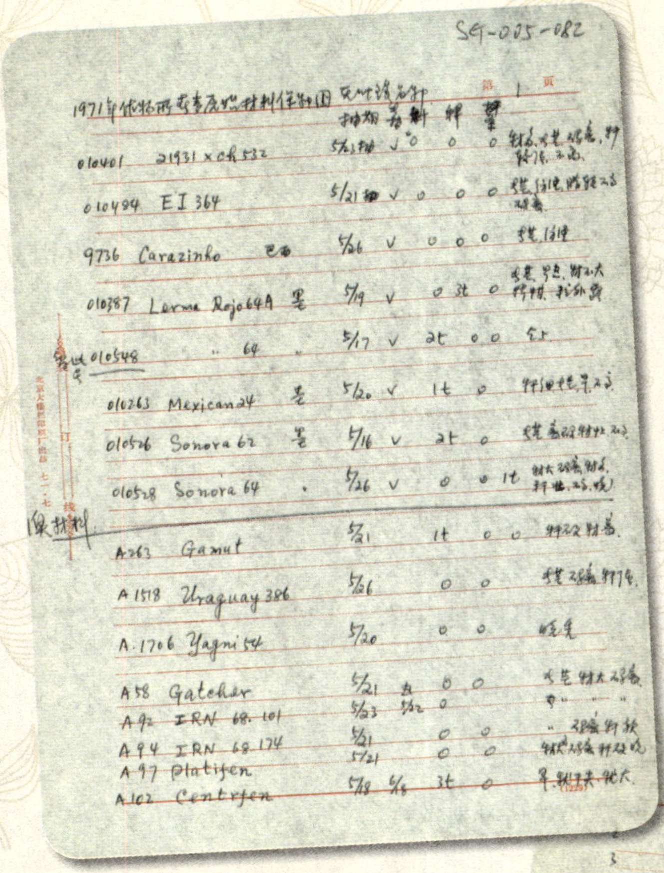

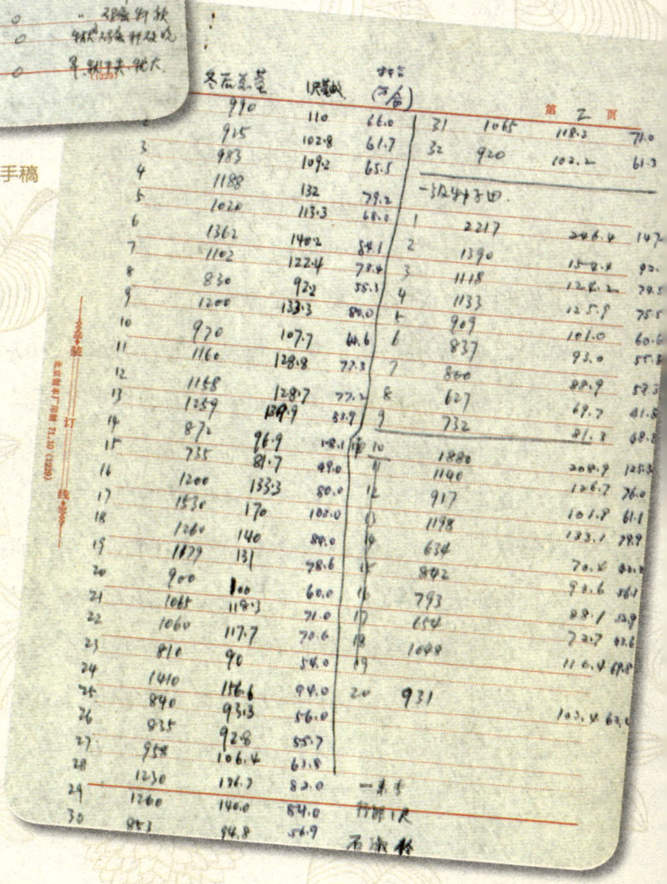

△▷《作物所春麦原始材料保种圃无叶锈留种》手稿（1971 年）

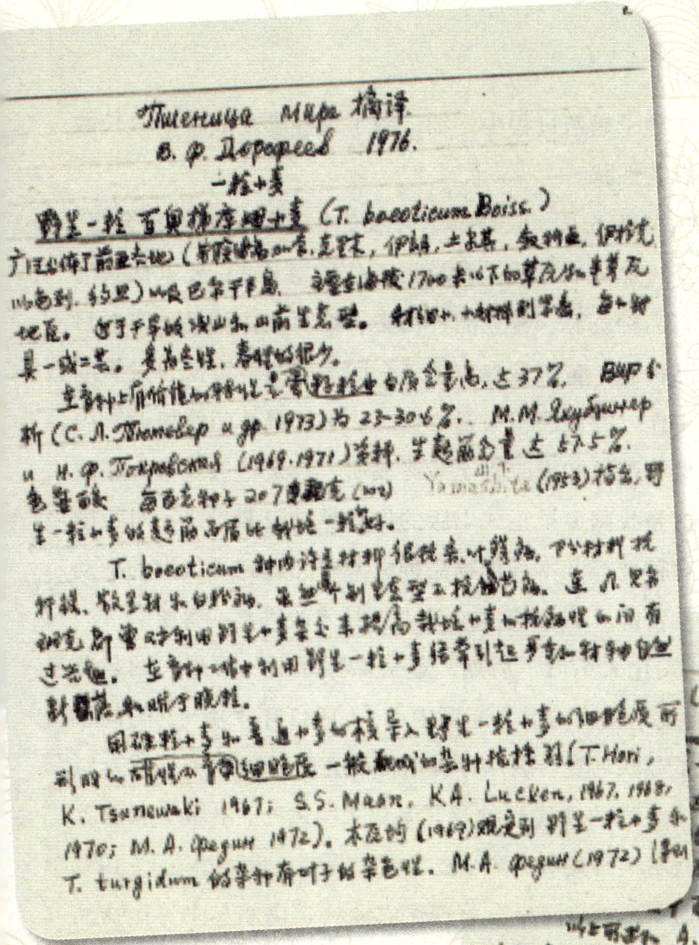

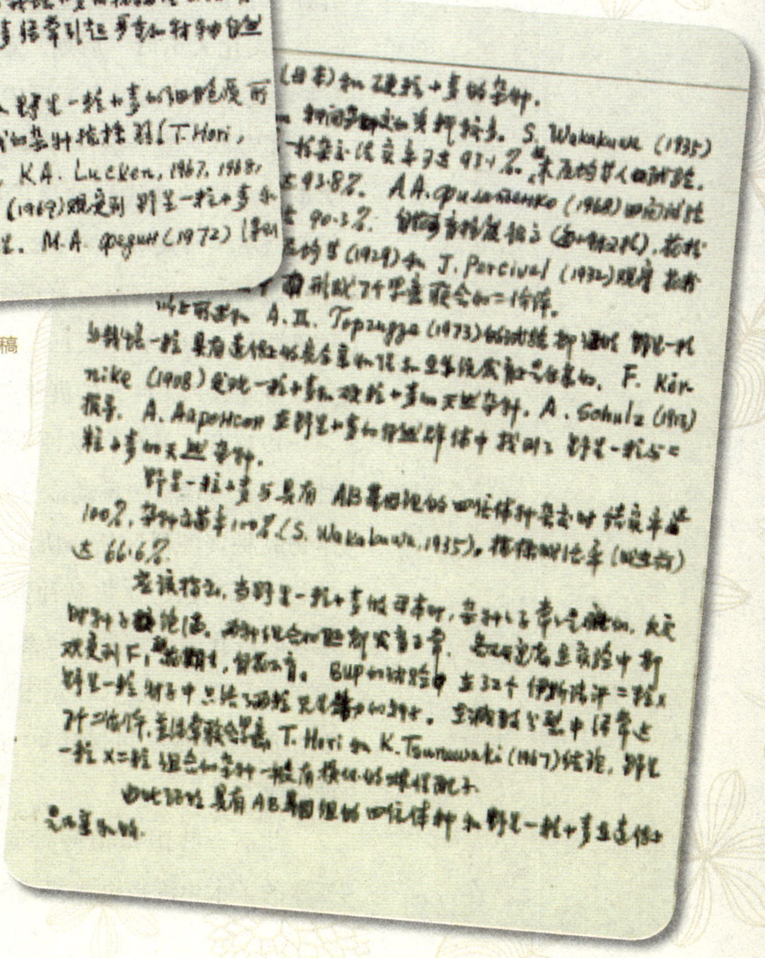

△▷董玉琛翻译《世界小麦》的手稿（1976年）

玉琛在种子繁殖过程中详细记载了这些春麦品种的生长数据及农艺性状。

1974年6月，农业部召开农作物品种资源工作会议，转发了《加强农作物品种资源工作的意见》，要求认真清理现有品种资源、建立品种档案、编写农作物品种资源目录和品种志。董玉琛参与了《全国小麦品种资源目录》的编制工作，并倾注了大量心血。该书的具体组织协调、内容设置、汇总和审改直至最终成册，都是董玉琛带人完成的。这是我国最早正式出版的作物品种资源目录，对我国小麦育种选择亲本和作物品种资源研究起到了很大的推动作用，获得了1982年农牧渔业部技术改进奖一等奖。

“文化大革命”后期，董玉琛翻译了瓦维洛夫的名著《主要栽培植物的世界起源中心》（1982年出版），与同事合译了苏联乌克兰栽培育种遗传研究所C.B.拉宾诺维奇所著的《小麦的现代品种及其系谱》（1977年出版）和全苏植物栽培学研究所主要小麦专家编写的《世界小麦》（1982年出版），并与同事合著现代农业科学讲座丛书《作物品种资源》（1981年出版）。这些著作对我国小麦育种和品种资源研究起到了巨大的借鉴和推动作用。

1978年，我国作物种质资源研究迎来恢复和发展的新时机。董玉琛积极推动成立作物种质资源的研究机构——作物品种资源研究所，协助召开全国品种资源工作会议，参与学术刊物《作物品种资源》的创建，出国考察交流，建议改进我国作物品种资源工作，促使我国作物种质资源工作体系逐步形成。在董玉琛的推动和不懈努力下，我国于1986年建成了可保存40余万份种质资源的现代化国家种质库。

此后，我国作物种质资源研究进入大发展阶段，董玉琛的学术生涯也进入巅峰时期。在作物种质资源学科发展上，她主持制定了全国作物种质资源繁种入库的技术路线，完成了30余万份作物种质资源的编目、繁种和入库，为作物种质资源学科的持续发展提供了保障。她首次系统阐明了作物种质资源的含义、工作内容和程序等，并构建了作物种质资源的工作体系，为作物种质资源学科的进一步发展奠定了理论基础。董玉琛的很多研究都取得了世界性的突破，使我国作物种质资源的研究水平处于世界前列。

防原医学与病理学家——程天民

程天民（1927 年 12 月— ），生于江苏宜兴。1951 年毕业于第六军医大学。1996 年当选中国工程院院士，2000 年工程管理学部成立时成为首批跨学部院士。现任第三军医大学专家咨询委员会主任委员和全军复合伤研究所名誉所长。从事医学教育与科研 60 多年，主持了多项国家和军队重大研究项目，曾 14 次参加我国核试验，并进行大量实验室工作，阐明了核武器的杀伤作用与防护原则，对发展我国防原医学特别是复合伤研究做出了重大贡献。创建了“军事预防医学”新学科。主编了我国首部《核武器损伤及其防护》《防原医学》《创伤战伤病理学》和《军事预防医学》等专著。被选为全国优秀共产党员和建军 80 周年全军英模。中央军委授予一等功。中华医学会创伤学会、烧伤学会和医学教育学会分别授予其“终身成就奖”。

了解程天民的人都说他是一位“淡泊名利”“温文尔雅”的君子。中国工程院院士、中国医学科学院原院长、协和医科大学原校长巴德年就在访谈中说起：“我们至少相识有十七八年了，君子之交淡如水，从来没有单独在一起喝过酒吃过饭，但情意之长到哪里都是一样。”

1. 获名师指点　在高校开展病理学教学

▷**病理学**是研究人体疾病发生的原因、发生机制、发展规律以及疾病过程中机体的形态结构、功能代谢变化和病变转归的一门基础医学科学。病理学被视为基础医学与临床医学之间的“桥梁学科”。

▷**病理实习课**在病理学教学中是十分重要的环节。在实习课中，学生通过对病变器官、组织的形态学观察，联系其机能代谢的变化及其临床表现，掌握各种疾病的发生、发展规律。病理学实习课内容包括：大体标本观察，病理切片观察，观看挂图、各种图谱、幻灯片、电视录像及多媒体课件，动物实验，临床病理讨论，参观（参加）尸体解剖等。其中最重要的是大体标本和病理切片的观察。

程天民在大学时的理想是当一名外科医生，但1950年毕业时，他被分配到中国人民解放军华中医学院**病理学**系当实习助教，开启了病理学的教学生涯。报到第一天，病理系主任就安排他单独带一个班的病理教学和实习课，这对一个刚毕业的学生来说是个不小的挑战。年轻的程天民心里只有一个简单的想法：当医生要一切为了伤病员，教学生就要一切为了学生。他要求自己一定要真正将知识搞懂了，再去教学生。

程天民把以前的病理学教材一一翻出来，从头到尾扎扎实实地又学了一遍，以加深对病理学理论的理解和整体把握。他一点点梳理、回忆曾经的病理学老师是如何教学，把别人讲课中好的表达方法都记下来，再根据自己的实际不断丰富、完善讲课技巧。有时为了设计一个合适的表达方法，他常常辗转反侧、夜不成眠。所有讲稿写出来之后，他还要反复地自我试讲，有不顺当的地方就不厌其烦地再构思、修改，直到自己满意了，再到教研室试讲，还请其他老师帮忙提意见。每次讲完后，程天民都会及时记下这堂课的成功之处和存在问题。为了写好板书，他除了在草稿本上设计板书图，还在教室的黑板上练习粉笔字，写出不同大小的字体，再跑到教室后排去看，确认到底多大的字能让最后一排的学生也看清楚。经过摸索和努力，他不仅能够把一堂病理课流畅地讲下来，而且板书也写得又快又好。

然而，每天下午的**病理实习课**还是让程天民这位年轻助教难以招架。当年的学生没有病理图片参考书，每次在显微镜下观察**病理切片**时，总会“不放心”地问他：“老师，帮我看看是不是这个细胞？是不是这种变化？”程天民每次除了讲解外，还要在教室逐一指导学生观察、识别病理变化。实习课至少有四五十个学生，一节课忙下来，还是有很多学生没被照顾到。针对这种状况，他开始探索上课模式。他尝试挑选学习比较好的学生当“小先生”，帮助自己指导实习课。利用午休时间，他先带“小先生”们看病理切片，教他们识别各种病理变化。上实习课的时候，同学们有问题就可以问这些“小先生”。这种教法满足了学生们病理实习课的需求，他的努力也得到了学生和教研室的一致认可。

◁**病理切片**是将活检组织、手术切除的标本取材成合适的组织块，然后将组织块进行脱水、透明、包埋、浸蜡及切片等处理，再将切好的组织放置在载玻片上，经过染色、封片等一系列程序制成的组织切片。病理切片是病理医生诊断疾病的前提，病理医生通过在显微镜下查看病理切片进行疾病诊断。

病理解剖学是一门以形态学为主的基础学科，使学生观察到患病时不同脏器、组织、细胞发生的变化，以此来理解疾病的发生、发展和具体疾病的特征。但当年教学时连清晰的黑白图片都没有，更别说彩色的病理照片了。为了提高教学质量，程天民自己动手设计绘制了一本《病理解剖学图谱》。他运用自己的病理学知识和绘画技能，先把各种疾病的器官病变形态分别画下来，再对着显微镜将染色的病理切片用彩笔在之前的器官病变形态上描绘出细微的病理变化，最后形成了一本比较完整的病理学图谱。这本手绘的彩色《病理解剖学图谱》不仅色彩丰富，而且包括了整体和局部、宏观和微观的各种病理形态，起到了很好的教学效果。

1951 年，卫生部委托广州中山医学院**梁伯强**教授主办全国第一期病理学高级师资班，学校选派程天民参加培训。

◁**梁伯强**（1899.2—1968.11），广东梅县人，著名的医学教育家、病理学家，我国病理学奠基人之一。1955 年当选中国科学院学部委员（院士）。1932 年受聘为广州国立中山大学医学院教授兼病理学研究所主任。他多次举办高级病理师资班，培养了大量病理学专业人才。

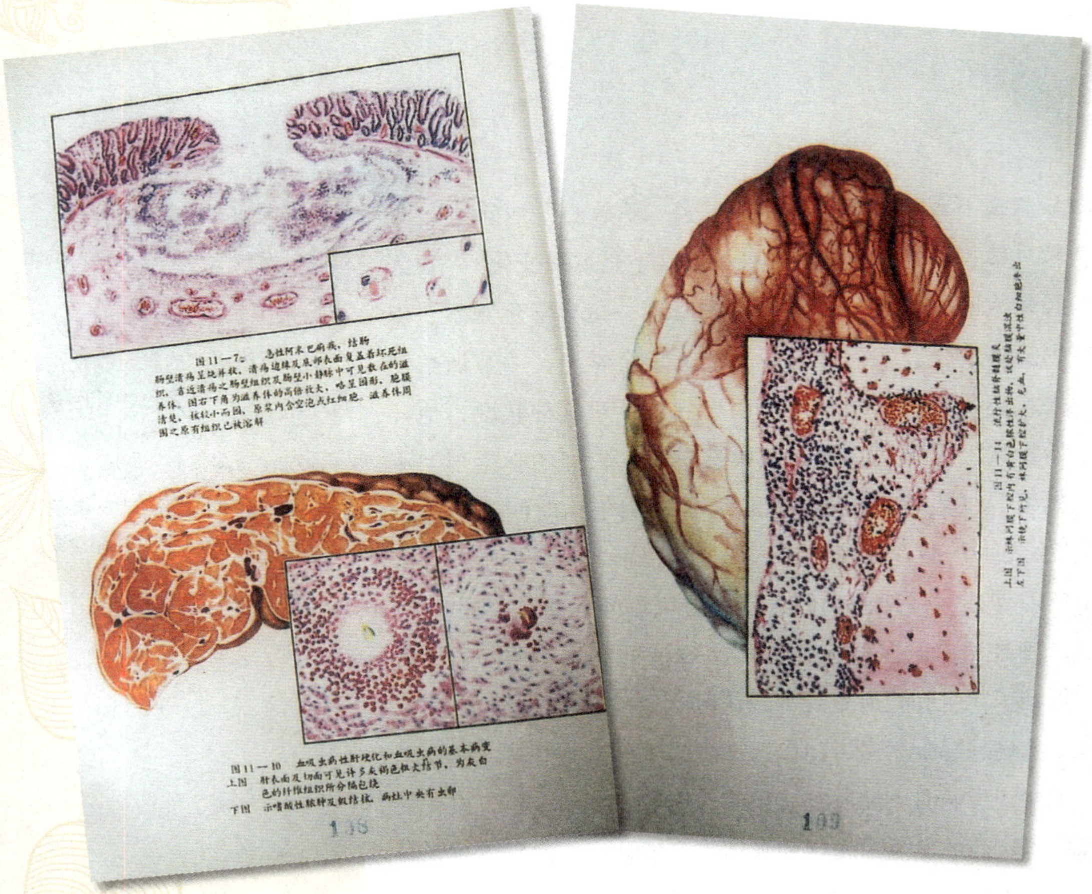

△程天民手绘的《病理解剖学图谱》

师资班首批学员只有 12 人，程天民是唯一的军人。梁伯强为师资班的教学倾注了大量心血和精力，在繁忙的行政工作和社会活动之余坚持为师资班的学员们亲自授课。他注重把理论知识和临床诊治结合起来，着重讲清疾病从正常到病变的过程，环环紧扣、步步深入。为了配合教学，还亲自设计编印了一套病理学简图，在当时印刷条件很困难的情况下套印为彩色图谱，向大家简明而生动地展示了病变的特征和发生、发展过程。为了给学员争取实践机会，梁伯强亲自跑遍广州市的各个医院联系尸源以供学员解剖。当学员第一次做尸体解剖的时候，他都亲自示范、指导。

程天民和首期师资班的学员在这一年的培训中，平均每人做了 25—30 例病理解剖。除此之外，其他同学做尸体解剖时，也都可以现场观看。这样多的尸体解剖数量和扎实的解剖实践是非常难得和珍贵的。

梁伯强非常重视学员用肉眼判断病理变化的能力培养。他要求大家完成解剖后，当场用肉眼识别病变，并判断病变导致全身发生的不同变化之间存在的相互关系，同时把这些全身病变一一详细列出来，包括病变发生、发展的过程，在此基础上提出病理诊断和死亡原因。这种严格的要求让学员们在做解剖时比平常更加仔细，观察也更为深入细致。

几十例尸体解剖和病理观察的训练让程天民的病理解剖操作技能和肉眼识别病变的能力都得到了极大锻炼和提高。扎实严格的基本功训练也让程天民养成了严谨细致、一丝不苟的科研习惯。

在全国第一期病理学高级师资班为期一年的学习中，程天民得到了梁伯强、**杨简**等国内著名病理学家的悉心指导，接受了系统完整和严格正规的专业训练。这一段经历为程天民之后的科研工作打下了扎实的病理学基础，对他的学术思想和个人成长产生了深远影响。

师资班培训结束后，程天民对学习内容以及中山医学院病理研究所的工作制度进行了梳理，建立了学校病理教研室的工作制度，尤其是建立了病理解剖制度及**大体标本**管理办法，包括整体解剖、病理解剖的基本工作流程和各种实验室管理规章等。病理解剖室在程天民的设计及带领下，各种设备和标准整理有序，大体标本的登记收藏、解剖器械及药品等都有专人负责，病理教学和研究制度也得到规范，学校病理解剖工作逐步走上正轨。他也因此荣立了军旅生涯中的第一个三等功，并于 1956 年从病理学助教晋升为讲师。

◁ **杨简**（1911.08—1981.05），广东梅县人，中国著名病理学家，中国科学院学部委员（院士），中国实验肿瘤学主要创始人之一。中国医学科学院实验医学研究所教授。

◁ **大体标本**是指肉眼看得到的整体器官等大体形态结构的标本。病理学大体标本是病理学实验教学的重要教学材料，通过全面细致地观察标本，可对病理学知识有更加深刻的理解。因此，病理学大体标本除了是教学、医疗、科研工作的重要档案材料外，还起着记录医学病案的作用。妥善收集和保存人体示教病理大体标本，对开展临床教学和医疗科研具有非常重要的意义。

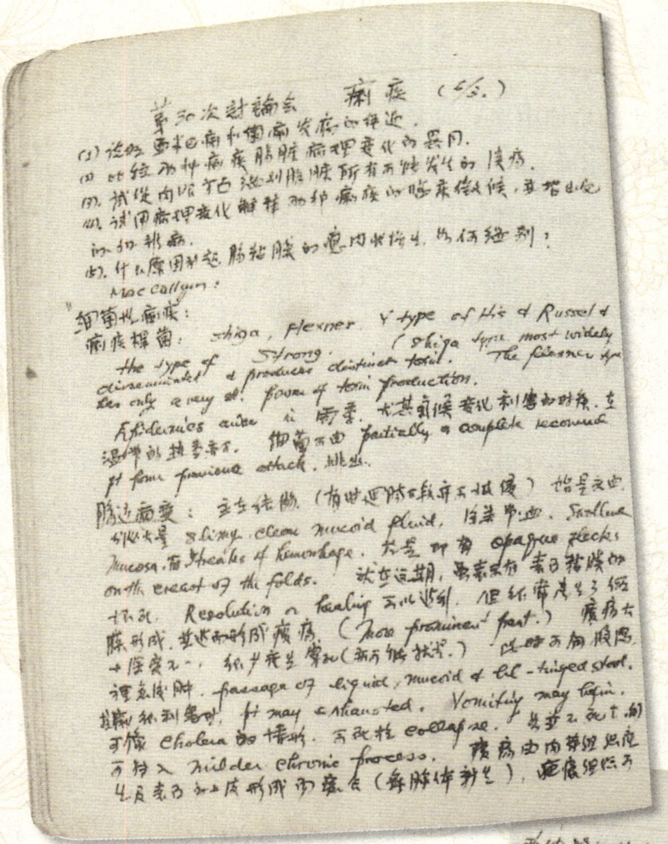

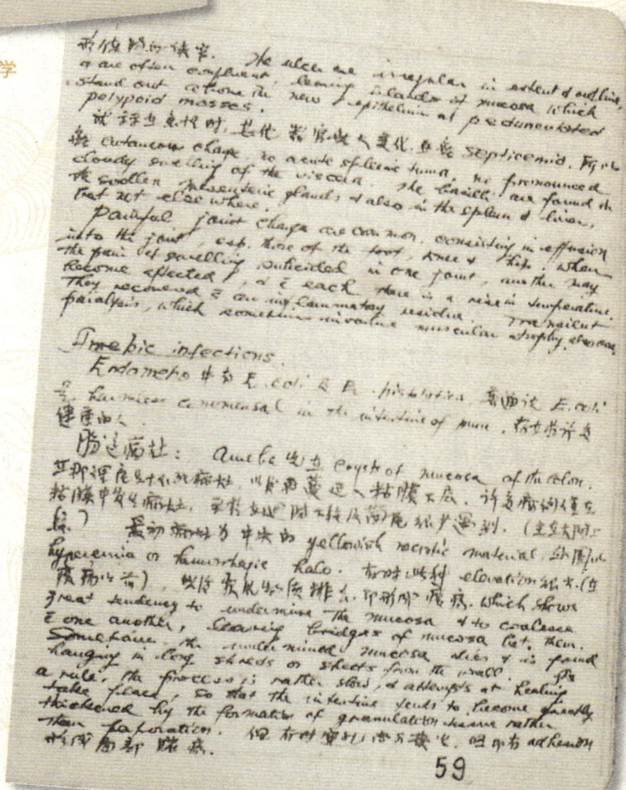

△▷ 1951—1952 年程天民在全国第一期病理学高级师资班的学习笔记

2. 在戈壁滩上创建防原医学

我国在决策研制核武器的同时，部署了**放射医学**研究。1958 年，华中医学院抽调程天民研究放射病。1964 年 10 月，我国第一颗原子弹爆炸成功。此后，程天民率学校参试分队 14 次奔赴戈壁滩核试验场。在核试验现场，核爆炸后的惨烈景象令程天民受到极大震撼，核武器带来的大规模杀伤破坏促使他下定决心从病理学转向核武器爆炸的医学防护研究。

在此后的 15 年里，他不仅在核试验现场争分夺秒地抢救效应动物，而且在简陋的解剖房里完成了大量病理解剖，获得了大批珍贵的原始数据。他把每次核试验后的动物脏器标本保存起来，辗转千里带回学校，用光学显微镜和电子显微镜进行深入研究。他还担任总后效应大队（主持全军全国核试验动物效应医学研究工作）的指挥组组长，参与领导核试验医学研究的谋划和实施，这使他对核试验与核损伤有了更全面、更深刻的了解和思考。现场参试使他充分认识到核武器爆炸的强大杀伤作用和医学防护的极端重要性，大规模的真实核爆炸和综合性**核效应试验**为他的专业研究提供了最真实、最珍贵的资料，为他深入钻研核武器损伤的医学防护奠定了坚实的物质和实践基础。

在一次 10 万吨级爆炸试验中，爆炸产生的杀伤破坏作用大大超乎了研究人员的预计。程天民在解剖**效应动物**时，看到有肢体离散、心脏被砂石穿透、全身被烧焦等，对眼前所见震惊不已。当时，除病理专业同志可以从解剖中看到核武器爆炸所致的内脏损伤外，其他人员只能看到效应

◁**放射医学**是医学中的一门学科，主要任务是研究电离辐射对人体的作用、机制、损伤与修复的规律，放射损伤的诊断、治疗和预防，为放射性工作人员的卫生防护、医学监督和保健工作提供理论依据和措施。

◁**核效应试验**是核武器杀伤破坏效应试验的简称，它是研制核武器整个过程中的重要组成部分，主要研究在核试验场区考察所设置的效应物（如动物、植物、粮食、武器、装备和工程项目等）由核爆炸引起的杀伤破坏情况。主要目的是寻求核爆炸对各种效应物的杀伤破坏规律，找出各种有效的防护措施。

◁**效应动物**是指在核武器杀伤破坏效应试验中，在核试验场区考察所设置的试验动物。

动物的外观和一些临床表现。程天民想，如果参试人员都能够亲眼看到核武器对动物造成的严重伤害，应该更能深化对核武器杀伤作用的认识。为此，他提出做核试验动物损伤标本陈列，并得到大队领导的支持。

程天民细心整理并制作了各种内脏、器官和尸体标本，利用一间低矮的土坯房办了戈壁滩上第一个、也是我国核试验以来第一个“核爆炸损伤病理标本陈列室”。他把狗笼当展览台，把各种标本分类摆在瓷盆里，挂上用毛笔写的说明，标明病变特征及其意义。这个简陋的标本陈列室引起了参试人员的极大关注，他们不仅看到受伤狗的外貌，而且还目睹了内脏的诸多伤害情况。通过参观受伤动物的临床症状、损伤致死动物的病理解剖标本，大家对核武器的杀伤效应有了全新认识。

每次核爆炸试验前，程天民都会做好各种准备；试验结束后，他就带领相关人员夜以继日地搜集数据资料、整理标本、制作展板。通常在爆炸后的 24 小时左右，他就会展出核爆炸中的损伤动物、病理标本、大幅的照片图表，有时还会有一些稀奇展品。例如，在一次大当量氢弹试验后，回收分队多收了一只老鹰，老鹰的半边羽毛和翅膀被烧焦了，同侧眼睛也坏了，但是对侧眼睛还在亮晶晶地转动。原来，它在空中飞行时遇到氢弹爆炸，意外地成了飞行状态的效应物。这只在戈壁滩上空飞翔的老鹰成了展览室的罕见展品，给参观人员留下了深刻印象。

核试验基地的**张蕴钰**司令员参观后说：“展览很好，应该让其他大队的同志都来观看。”在试验基地的支持下，大队建起了一个有砖墙、玻璃窗、水泥地的大展览厅。展览规模扩大了，水平也有了很大提高。每次展览，程天民既是总编导，又是总设计师和总指挥。他亲自布置展厅、写字绘图、编写解说词并训练解说员，把原来的标本陈

▷**张蕴钰**（1917—2008.8），河北省赞皇县人。1958 年被任命为核武器试验靶场主任，1961 年改称基地司令员，为“两弹一星”事业做出了贡献。

列做成了展览。展品中有实物、照片、图表、统计数字，有不同爆炸方式、不同当量、不同距离动物杀伤对比，有暴露于不同防护条件下的杀伤情况对比，图文并茂，形象生动。

此后，“核爆炸动物效应展览馆”成为核试验场的一个固定参观点，成为各单位参试和参观人员必到之处和核试验现场培训的重要场所，陆续接待了总部、国防科工委的首长和大军区司令、各军兵种及野战军的数千名领导、地方党政官员和各种学习班人员参观。人们在参观过程中无一不被核爆炸的杀伤破坏威力所震撼，对加深核武器杀伤破坏作用的认识、传播核防护知识起到了积极作用。

程天民在参试过程中，不仅担任效应大队指挥组组长，还主持了现场“防原医学训练班”的工作。他设计拟定讲授纲目，编印讲课提纲，并组织“老参试”为“新参试”人员讲课。结合核效应实际，训练班系统讲授了基本知识、伤害特点、防护救治等内容。程天民亲自讲授其中几个专题。他根据医学和效应试验的特点，将核试验的目的、核武器的几大杀伤因素、过去经验等分成专题，精心设计成每次讲课的内容。他授课不仅能够用理论联系实际、表达生动形象，而且带着感情，听众都可以感受到他对事业的热爱。训练班不仅普及了核武器损伤及防护知识，有效地宣传了基本的防护措施，还培养了一批**防原医学**骨干，深受各单位欢迎。

◁**防原医学**研究核爆炸和其他核事件伤害，以及其他来源电离辐射所致的伤害及其医学防护。既具有鲜明的军事医学特点，又含有平时民用的内容。

1967 年和 1974 年，程天民全程参加了我国两次核试验资料总结。他亲自总结的 10 多万字的“核武器损伤的病理变化”专题成为国内外这一领域最全面系统、最具学术权威的病理学文献。之后，他对我国多次核试验的实际资料进行再研究、再总结，由动物效应推算及人，主持编著

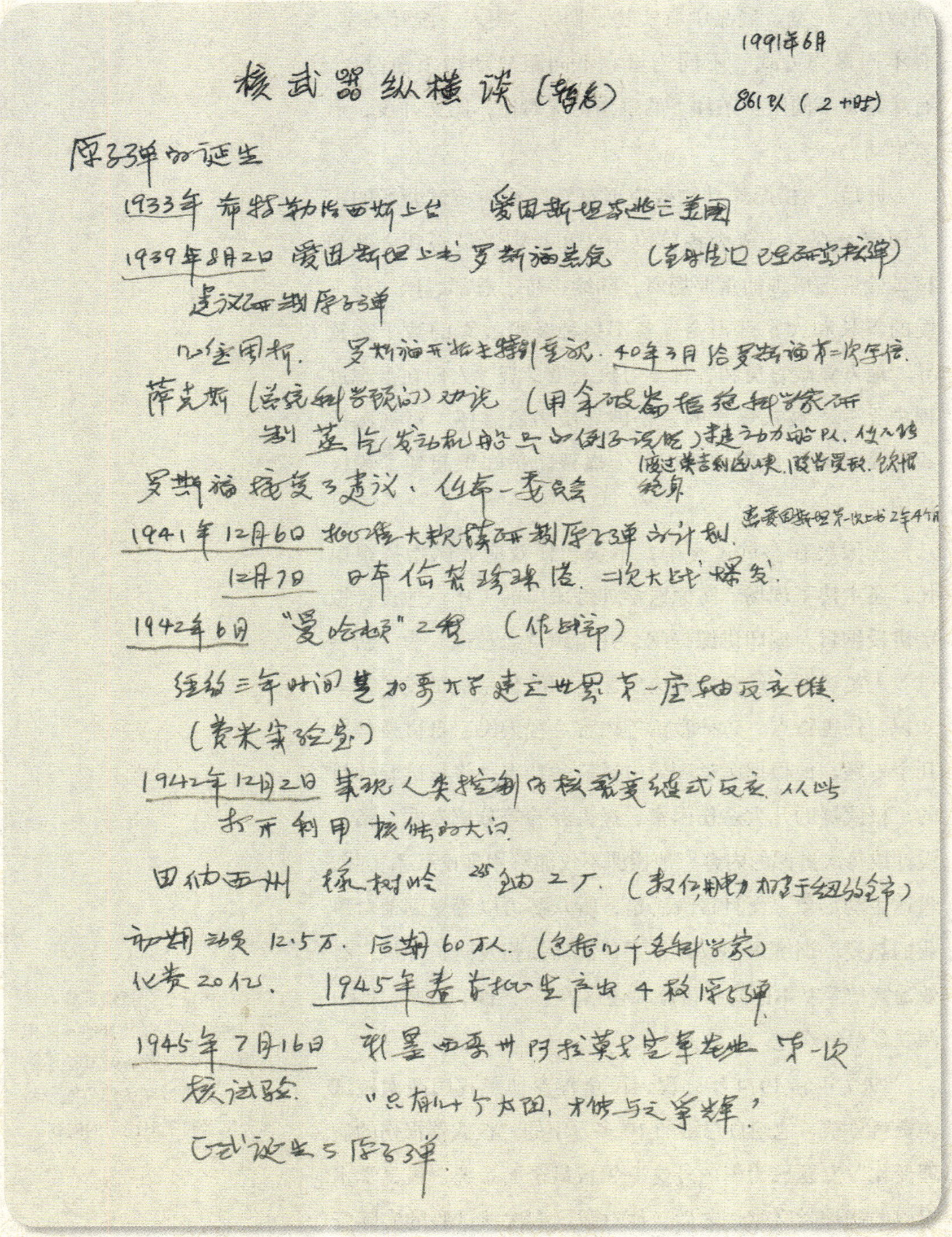

1991年6月

核武器纵横谈（摘要）　　861队（2小时）

原子弹的诞生

1933年 希特勒上台　爱因斯坦逃亡美国

1939年8月2日 爱因斯坦上书罗斯福总统（当时德国已经研究核弹）建议研制原子弹

记住此时间。罗斯福开始未引起重视。40年3月给罗斯福第二次写信。萨克斯（总统科学顾问）劝说（用拿破仑拒绝科学家研制蒸汽发动机船只的例子说服）建立动力船队，使之能渡过英吉利海峡，攻占英国，饮恨终身

罗斯福接受了建议，任命一委员会

距爱因斯坦第一次上书2年4个月

1941年12月6日 批准大规模研制原子弹的计划。

12月7日 日本偷袭珍珠港。二次大战爆发。

1942年6月 "曼哈顿"工程（作战部）

经过三年时间在芝加哥大学建立世界第一座铀反应堆（费米实验室）

1942年12月2日 实现人类控制的核裂变链式反应。从此打开利用核能的大门。

田纳西州 橡树岭 235铀工厂。（耗电力相当于纽约全市）

初期动员12.5万。后期60万人。（包括几千名科学家）化费20亿。1945年春季批量生产4枚原子弹。

1945年7月16日 新墨西哥州阿拉莫戈多沙漠地 第一次核试验。"只有几十个太阳，才能与之争辉"

正式诞生了原子弹。

△程天民在核试验现场的讲课手稿

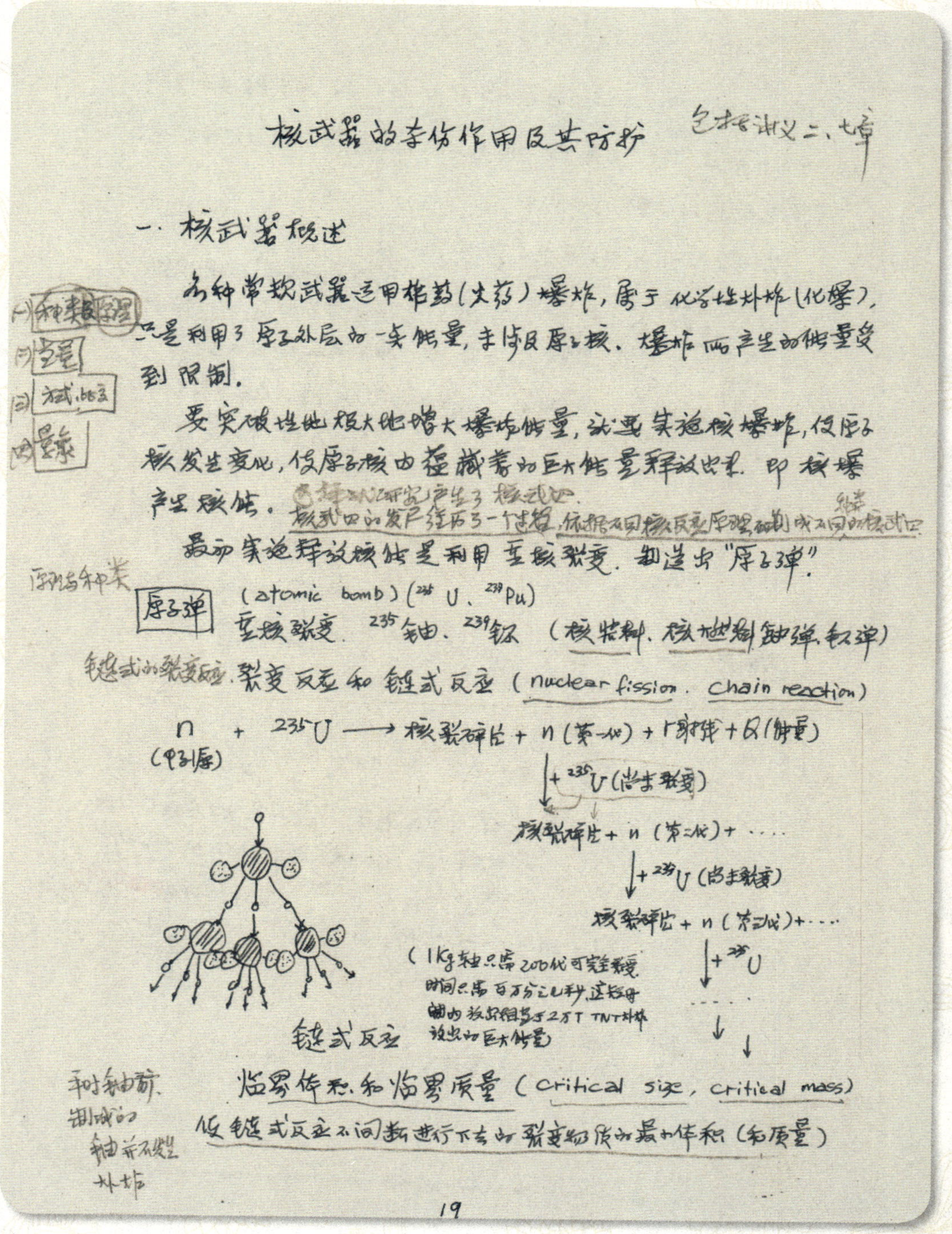

核武器的杀伤作用及其防护　包括讲义二、七章

一、核武器概述

各种常规武器运用炸药（火药）爆炸，属于化学性爆炸（化爆），只是利用了原子外层的一点能量，未涉及原子核。爆炸而产生的能量受到限制。

要突破性地极大地增大爆炸能量，就要实施核爆炸，使原子核发生变化，使原子核内蕴藏着的巨大能量释放出来，即核爆产生核能。

核武器的发展经历了一个过程，依据不同核反应原理制成不同的核武器

最初实施释放核能是利用重核裂变，制造出“原子弹”。

原子弹　(atomic bomb)（^{235}U、^{239}Pu）

重核裂变　^{235}铀、^{239}钚（核装料、核燃料）铀弹、钚弹

裂变反应和链式反应（nuclear fission、chain reaction）

n（中子）＋ ^{235}U ⟶ 核裂碎片＋n（第一代）＋γ射线＋Q（能量）

↓＋^{235}U（尚未裂变）

核裂碎片＋n（第二代）＋……

↓＋^{235}U（尚未裂变）

核裂碎片＋n（第三代）＋……

↓＋^{235}U

……

链式反应

（1kg铀只需200代可完全裂变，时间只需百万分之几秒，这样铀的核裂相当于2万T TNT爆炸放出的巨大能量）

临界体积和临界质量（critical size，critical mass）

使链式反应不间断进行下去的裂变物质的最小体积（和质量）

19

△程天民在核试验现场的讲课手稿（续）

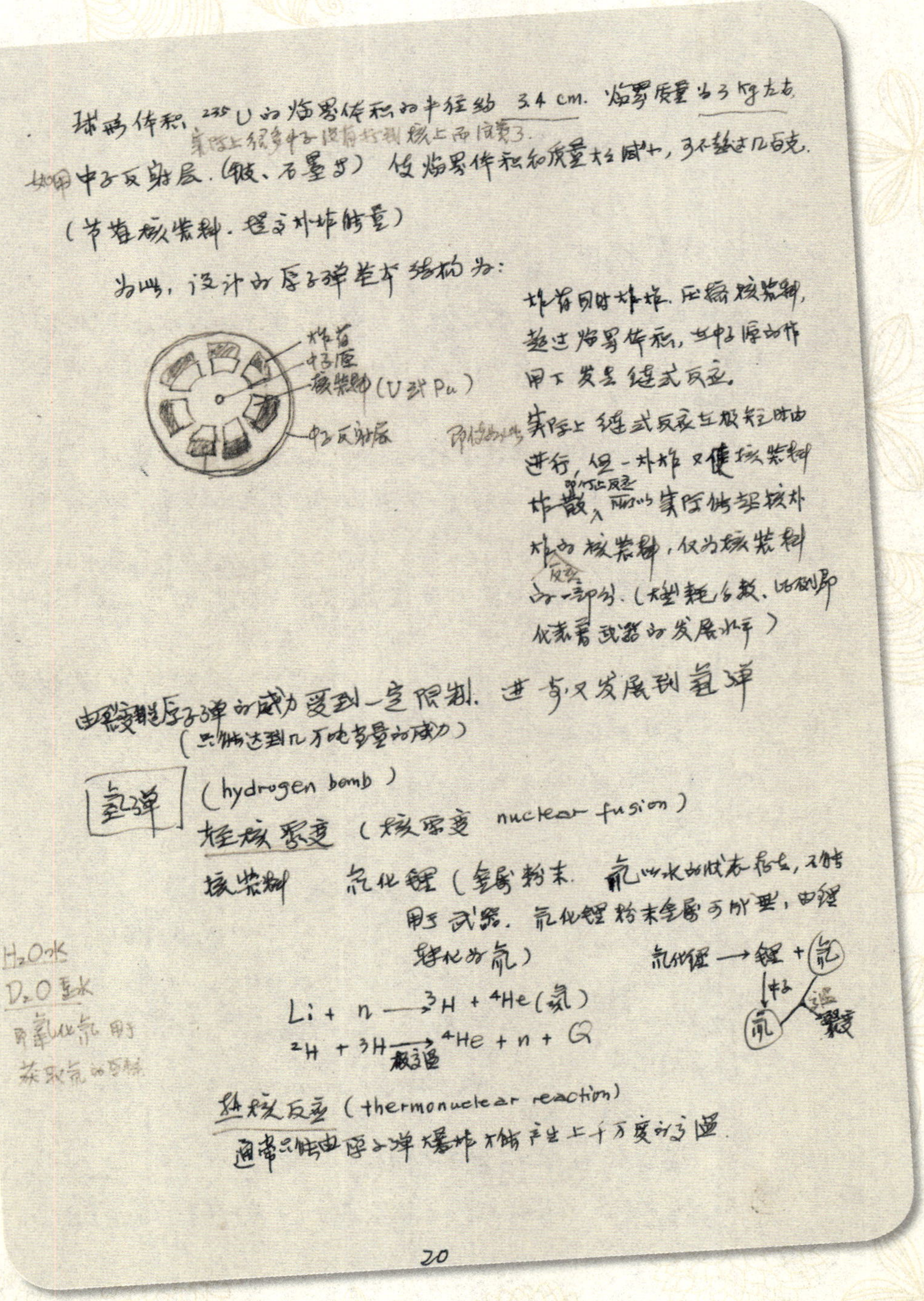

球形体积，^{235}U的临界体积的半径约 3.4 cm. 临界质量为5公斤左右

实际上很多中子没有打到核上而浪费了.

如用中子反射层（铍、石墨等）使临界体积和质量大大减小，可不超过几百克.

（节省核装料，提高爆炸能量）

为此，设计的原子弹基本结构为:

炸药同时爆炸，压缩核装料，超过临界体积，在中子源的作用下发生链式反应。

即使如此 实际上链式反应在极短时间进行，但一爆炸又使核装料炸散，停止反应，而所以实际能参加核爆炸的核装料，仅为核装料的一部分。（燃耗分数、比例即代表着武器的发展水平）

由于裂变型原子弹的威力受到一定限制，进一步又发展到氢弹

（只能达到几万吨当量的威力）

氢弹 (hydrogen bomb)

轻核聚变（核聚变 nuclear fusion）

核装料　氘化锂（金属粉末，氚以水的状态存在，不能用于武器，氘化锂粉末金属可所要，由锂转化为氚）

H_2O 水

D_2O 重水

用氧化氘 用于 获取氘的原料

氘化锂 → 锂 + 氘

锂 →（中子）→ 氚；氚 + 氘 →（高温）→ 聚变

$Li + n \longrightarrow {}^3H + {}^4He$（氦）

$${}^2H + {}^3H \xrightarrow{\text{极高温}} {}^4He + n + Q$$

热核反应 (thermonuclear reaction)

通常只能由原子弹爆炸才能产生上千万度的高温.

20

△程天民在核试验现场的讲课手稿（续）

了我国首部《核武器损伤及其防护》，形成了我国自己的防原医学学科内容体系，也奠定了他作为我国防原医学开拓者之一的学术地位。1996 年，程天民当选中国工程院院士，成为我国防原医学领域仅有的两名院士之一。

农业工程与农业机械化专家——曾德超

曾德超（1919 年 1 月—2012 年 6 月），生于海南海口。1942 年毕业于国立中央大学，1948 年获美国双城市明尼苏达大学农业工程科学硕士学位。1995 年当选中国工程院院士。在国内外首先建立土动剪强、动摩擦方程和切土动力模型，以此为导线编撰了第一本机械土壤动力学专著，为土方机械耕挖加工广大领域的技术进步提供了基础。开创农田建设和土壤耕作水热盐气定量效应与调控工艺领域的研究，并提出“集雨蓄水耕作，农场生产经营与资源、生态、环境综合管理，节水、变量、保护、培育等技术复合农耕制”的中国型可持续农业工程技术解决方案。通过国际合作开发了华北条件下果树三高与防污生产的调亏灌水技术和含大田在内的田间实时监测、短期预报、收支平衡的科学灌溉制度制定与其实施技术，为实现我国节水农业提供了一条基本实现定量化的可供推广的技术途径，是中国农业工程领域的重要领军人物。

在一次田间实验中，为了让学生们更加清晰地观察高速犁的作业状态，近70岁的曾德超竟亲自踩在高速犁的犁架上，随着拖拉机一起前进，学生们几乎惊呆了。实验结束后，农机实验室的拖拉机驾驶员感叹道：“这老爷子干起工作来，连命都不要了！”

1. 农村发展思想的源起：西北乡村工业实践

1944 年夏，曾德超在中央工业试验所任助理工程师，并成功考取了国民政府教育部公开招考赴美学习农具学的研究生。留美期间，他和同学们利用假期到实验农场、农机制造厂和农机推销修理店工作和实习，不仅熟悉了美国农场的技术和设备，也使他看到了改变中国农村面貌的方向和希望。

临近毕业，同学们大多主张参考美国经验，在中国发展机械化农场。但曾德超受**费孝通**的乡土重建思想影响，相信发展小型乡村工业、切实改善农民的生产生活才是发展中国农业农村的有效途径。1948 年，他学成回国，毅然选择在湖南邵阳的乡村工业示范处工作。这是联合国善后救济总署援助中国的一个工业示范机构，目的是增强乡村经济重建能力、生产善后救济物资。当时中国农村的极端贫困对工业发展所需的原料和市场产生了极大制约。乡村工业示范处认为，要生产物资，必须因地制宜、就地研发，做到优化调配、物尽其用。这与曾德超服务农村的想法不谋而合，他主张“到乡下去，在当地造农具供应当地老乡”。

▷**费孝通**（1910.11—2005.04），江苏吴江人，著名社会学家、人类学家、民族学家、社会活动家，中国社会学和人类学的奠基人之一。费孝通的博士论文《江村经济》被誉为“人类学实地调查和理论工作发展中的一个里程碑”，是国际人类学界的经典之作。

曾德超一到乡村工业示范处，就被任命为第四示范厂（机械厂）厂长、**技正**，勇挑技术重担。很快，他又兼任了第二示范厂（水泥厂）厂长。当时的水泥厂因为某些技术环节存在问题，长期不能正常运转。受命后，他持续攻关，自行设计制造了与全厂生产能力相匹配的球磨机等设备，使水泥厂迅速进入正常运行。

▷**技正**，中华人民共和国成立以前中国技术人员的官职。民国政府的交通、铁道、实业、内政及省（市）政府的相应厅（局）大多设置此官，以办理技术事务。此官职位次于“技监”，在厅（局）中为最高官职，其下有“技士”“技佐”等。

1949 年 6 月，联合国农村复兴委员会在中国西北和四川成立办事处，委托邵阳乡村工业示范处选派人员开展工作，计划投资建设一批像邵阳这样的小型工厂和项目。曾德超随即率领技术工作队去兰州搞建设。彼时，国民党军队全线溃败，正在卷款撤离，曾德超追着农复会负责人向国民党政府申请建设资金。但他努力多日，仍然要不回即将撤走的资金，于是毅然将剩余资金交给解放军，协助军管会的接收工作。

1949 年 8 月，兰州解放，兰州军事管制委员会随即成立。曾德超随解放军一同进城，被安排在军事管制委员会工作，参与协助**山丹培黎学校**等处的接收工作。因为国际友人的信任，曾德超的接收工作非常顺利。当时培黎学校的外籍教师大部分都留下继续任教，接收后，学校仍由**路易·艾黎**管理，军代表只负责监督。在军事管制委员会的领导下，曾德超全力支持培黎学校的工作，并为学校的教育教学工作提出了很多建设性意见。他为培黎学校初步设计了一个修学课程计划草案，强调扎实的理论基础，并将理论与实践相结合的指导思想贯穿始终。可惜，这个课程计划终因时局动荡未能实施。

1949 年秋，曾德超向兰州军事管制委员会汇报原乡村工业示范处西北工作组在甘肃工作的具体情况，并于当年 11 月整理成较为完整的工作笔记《从山丹培黎工艺学校和西北乡村工业示范处为基础的一些可能的工业建设工作的草稿》。在这篇工作笔记中，曾德超向人民政府汇报了他作为一个农业机械工程师对西北建设的认识以及对未来

◁**山丹培黎学校**，1941 年创建于陕西双石铺，1944 年迁到甘肃河西山丹县内。当时艾黎等人之所以给学校取名培黎，一是为纪念早年在金陵大学任教、为培养中国的技术人才做出重大贡献的美国友好人士约瑟夫·培黎（Joseph Bailie）；二是暗喻该校的宗旨是“为中国的黎明培育新人”。

◁**路易·艾黎**是一位致力于维护世界和平与各国人民友好事业的国际主义战士。他创办了山丹培黎学校，希望能继承约瑟夫·培黎的精神，培养介于工程师和技术工人之间的理论联系实际的人才。

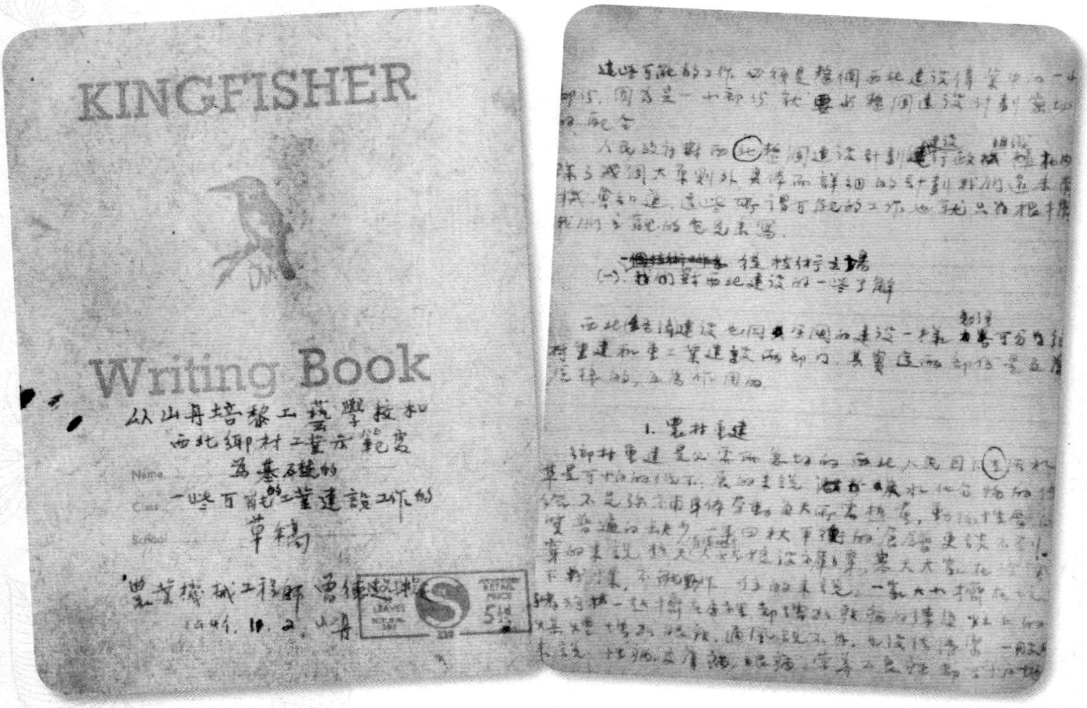

△曾德超在山丹培黎学校时期的笔记（1949年11月2日）

建设的展望。他将“农村重建”排在第一位，开篇就指出“乡村重建是必需而急切的”，这既是他一年来参与乡村工业实践的真实感受，也反映出他对中国农村长期落后状况的深刻认识和真切关怀。

在笔记中，曾德超具体指出了西北农村水肥情况的重要性。他指出，地下水、山洪水的利用和水库建设势在必行，而且一定要依靠现代工程手段。另外，西北地区传统畜牧业的衰落使广大农村的劳动群众失去了基本的衣食来源，必须在原村庄上发展手工制作的毛织物，以增加农牧民收入，并推广动力纺纱，拉动纺织业的发展，解决缺衣少被的问题。曾德超还提到农村的建筑问题以及土地的合理利用、乡村交通工作等。他写道：

我们对最近将来乡村的憧憬是这样的：够饭食，够衣穿，住合理，有教育，有医药，有安全制度，每个村庄盖上个像样的集会场所，作为娱乐中心，这个憧憬在技术上是可以做得到的。特别是中华人民共和国成立以后……有组织、有计划动员农村工程师、农业家、农村社会工作者及一切乡村潜在的过剩劳力，是可以于短期间内使农村改观的。

在曾德超的头脑中，乡村工业建设理念扎根很深。他不仅自身致力于建设乡村工业、改变农村，也希望乡村工业示范处“救济改善农村生活”的目标能够在政权过渡后得以顺利实现。他向遇到的各级领导干部反复宣传“通过乡村工业发展农村经济”的可行性。尽管**张宗逊**非常重视曾德超这位工程师，对于他迫切发展乡村工业的想法也予以认可，然而西北政局方定，西北农村经济发展首先要从属于全国优先发展大工业的大局，因此，乡村工业的实践无法继续进行。

◁**张宗逊**（1908.2—1998.9），解放兰州战役领导人之一。中华人民共和国成立后，曾任中国人民解放军革命军事委员会副总参谋长兼军委军校部部长、总后勤部部长等职。1955 年被授予上将军衔。

对于亲身参与乡村工业实践的曾德超来说，支持乡村工业这套思路就是他的农村发展思想，这个发展思想就是“以农民为本、以农业为本，从中国人多地少的实际情况出发，着眼于细节求发展”。社会的发展验证了曾德超乡村工业思想的价值和前瞻性。虽然曾德超参与乡村工业的时间不长，但是这种发展模式、从实际出发的乡村工业思想以及两年实践工作获得的具体经验一直留存于他此后的科学思想之中。

2. 致力推动学科发展：从农业机械学到农业工程学

▷**国营农场**是国家投资建立的农业经济组织，为社会主义全民所有制的农业企业。国营农场的土地、森林、草原、水域和其他自然资源以及作为主要生产资料的建筑物、机器装备、水利设施等，均属国家所有。其生产和经营活动在国家计划指导下进行，所需资金由国家财政拨款或从银行贷款，其产品归国家所有。

▷**农业机械化**是指运用先进适用的农业机械装备农业，改善农业生产经营条件，不断提高农业的生产技术水平和经济效益、生态效益的过程。农业机械化分两方面，一方面指农业生产和农民生活所需的各种机械实体；另一方面指采用农业机械装备农业的途径、步骤和方法及其组织管理、推广运用、维修配套等。

20 世纪中叶，落后的农业逐渐成为我国工业发展的制约，农业技术发展与推广的需求极为迫切。为配合大规模垦荒与**国营农场**建设，农业部决定设立学校，培养**农业机械化**技术干部。为此，曾德超提议“兴办正规大学，通过高等教育培养工程师”。当时，农业机械化高等教育在国内尚属初创。尽管有些大学曾设立过农业工程系，北京农业大学也曾设立过农业机械系，但发展历程都很短。考虑到农业机械化不是一般意义上的农业工程学和农业机械学，在师资建设、教学和实习模式上都有很多新创新、新问题，1952 年，国家决定参照苏联莫斯科莫洛托夫农业机械化电气化学院模式，在北京筹办农业机械化高等院校，即北京农业机械化学院。曾德超成为建院规划小组和筹备委员会成员。

在北京农业机械化学院筹备过程中，曾德超主管教学筹备组。为了建院工作顺利进行，他在短期内制订了教学计划工作草案，提出了所需教师计划、急需教学设备清单，订立了必要的规章制度，并组织翻译了苏联教材。学院成立后，他又担任农业机械化系的系主任，负责全校基础课、技术基础课、专业课的教学管理。那段时间，他工作异常繁重，常常工作到深夜，经常是学校最后一个离开教学楼的人。他最先编写了《农业机械使用学讲义》，并在教学建设和学风建设上做了大量扎实的工作，培养出一批能吃苦、能解决实际问题的技术人才。在他的主持下，农业机械化系于 1955 年被评为全国农林院校中教学工作组织得最好的一个系，成为全国 20 余所农林院校农业机械化系办学

△曾德超《农业机械使用学讲义》手稿

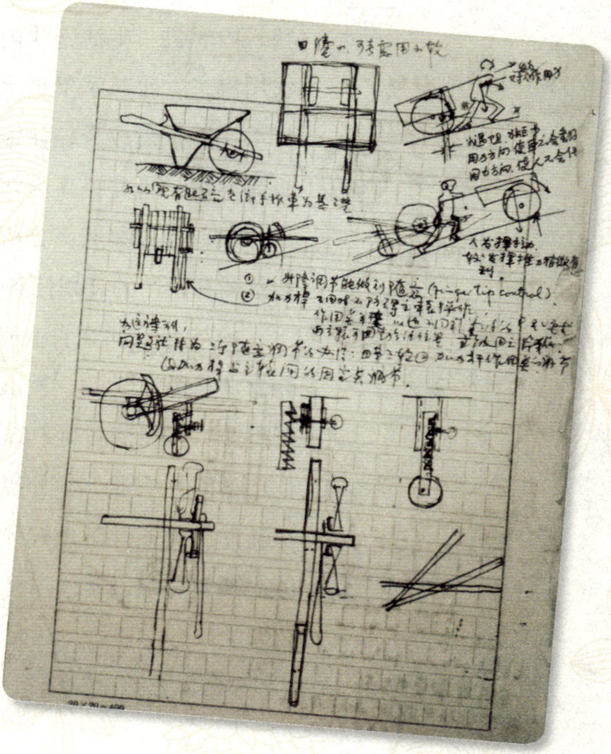

▷ 1972 年曾德超的设计手稿

▷ **农业工程**是指工程技术在农业上的应用，包括机械设计、机械装备、建筑设计；水土工程；灌溉和排水工程；作物收获、加工和储存；动物生产技术，畜禽舍建设和设施工程；精准农业；收获后加工和技术；农村发展；农业机械化；园艺工程；温室结构与工程；生物能源和水产养殖工程等。农业工程科学技术研究的范围很广，而且在不断发展中，目前主要包括以下 7 个方面，即农业机械化、农田水利和水土保持、土地利用工程、农村建筑和农业生物环境工程、农副产品加工工程、农村能源工程、农业电气化工程。

的交流中心。

此后，北京农业机械化学院力图增设**农业工程**专业，曾德超是这一目标的积极倡导者和推动者。他在学院的五年规划中提出要增扩专业。他认为，农业机械化只是机械工程手段在农业上应用的一个方面，而农田水利、农业环境、农村能源、污水处理等问题在农业机械化过程中已成为突出问题，亟待解决。为了能让增扩专业及时获得批复，他甚至掐着时间，赶在农业部主要领导起床至早餐的间歇当面汇报。1959 年，他的建议终于得到农业部批复。

“文化大革命”期间，北京农业机械化学院发展受挫，被迫外迁，院系增扩和学科建设趋于停滞。曾德超也受到极大冲击，罹患重病，但是只要条件允许，他仍然坚持看书学习。1974 年养病期间，他应农垦部和机械出版社的要求，为援外人员翻译全套农机资料。待身体稍有恢复，他就钻进北京图书馆进行研究方案设计。其间，他设计了旋转式内燃机、半活塞式内燃机两种新动力和一种小型简易农用汽车，改革了旱地水田拖拉机行走构件，研究设计了将手扶拖拉机改为轻便拖拉车的转向构件；还撰写了一篇研究方案，研究提高活塞式内燃机效率。这些设计方案都很详尽，有方案选择分析、工作原理分析、理论计算、结构草图和投产的计划任务书等。

1975 年，北京农业机械化学院被迫迁往邢台，改称华北农业机械化学院，教学和生活条件十分困难，教职工叫苦不迭。正在治病尚未康复的曾德超对学院发展很是忧心，他向学院和农业部领导提交《关于对华北农业机械化学院在新的历史条件下怎样才能更好地办成适应新时期总任务的需要提一点意见》，提出了几项重要建议及想法，要求改善学校办学环境，迁回北京。

“文化大革命”结束后，国家各项政策制度不断恢复、

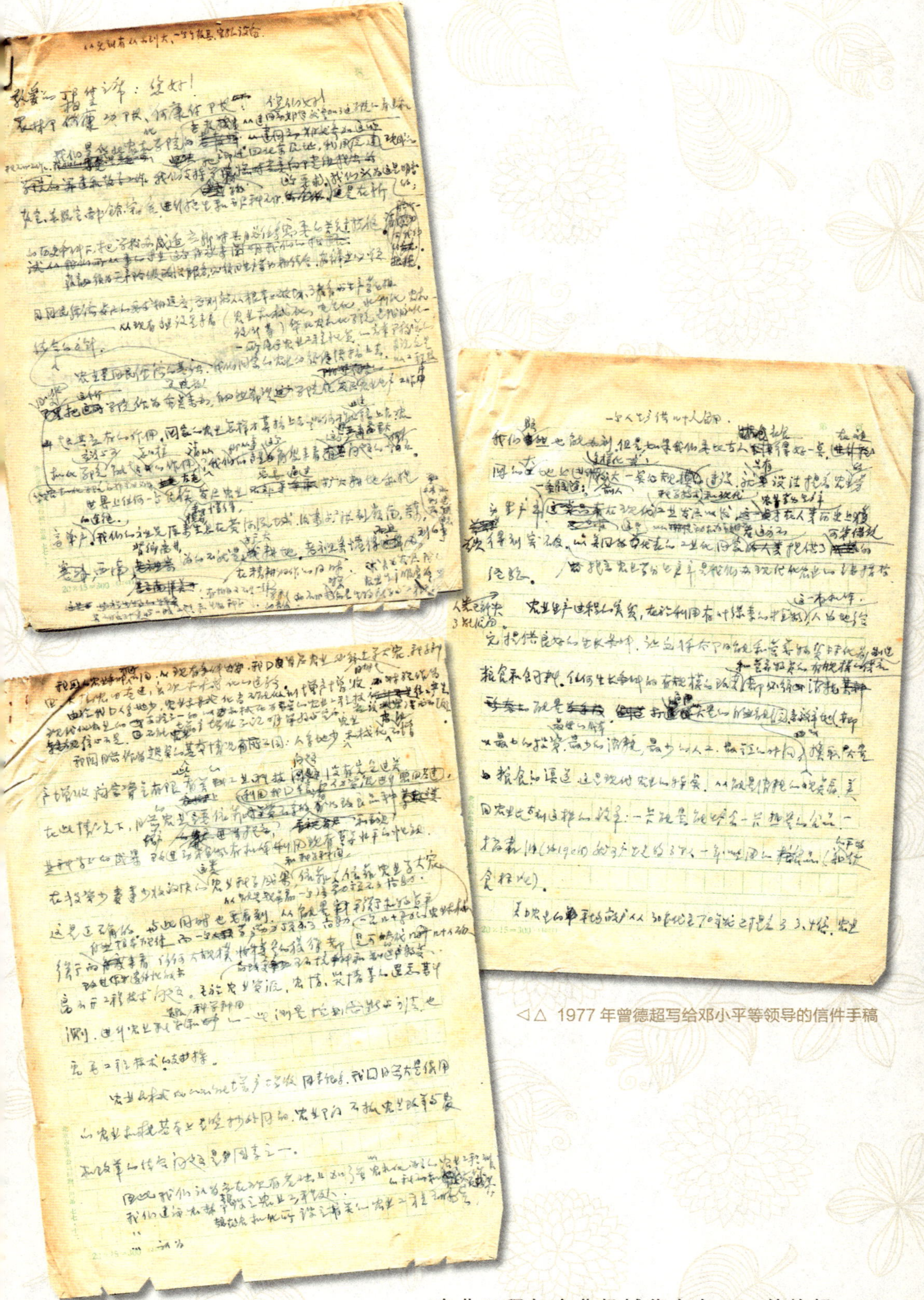

◁△ 1977 年曾德超写给邓小平等领导的信件手稿

落实和完善，曾德超等原北京农业机械化学院的教授们纷纷向中央上书，再次要求将这所全国唯一的农业工程类院校迁回北京。在写给邓小平等中央领导人的信件中，他反复表达了作为一位老教授对学院的命运和国家农业现代化建设的殷切期望及深刻思考。他从教学科研和学科发展、基础理论研究和新技术设备应用、与国际的交往、与高水平生产单位就近结合等四个方面陈述了学院需要迁回北京办学的理由，并从实际困难和迁回北京办学的可行性等方面进行分析、提出建议。

此外，曾德超还通过会议等各种场合表达将学校迁回北京办学和推动学科发展的强烈愿望。1978 年，在参加国家科委农业工程学科座谈会的书面发言中，他提议“支持和栽培像华北农业机械化学院这样一所农业工程性质学院，给它一个尽可能高的起点，对实现农业现代化、尽快把农业搞上去、发展我国的科学技术、赶超世界水平都是具有战略性意义的，最终将被历史所证明是明智的”。在各方人员的不断努力下，1979 年 2 月，学院由邢台迁回北京原址办学。

虽然在“文化大革命”中历经曲折和坎坷，但曾德超凭借着对工作的坚定信念和对国家发展的期望，在饱受屈辱和病痛中坚持了下来。他将自己的命运与国家农业机械化事业发展和农业工程学发展紧密联系在一起。现在看来，他当时提出的办学理念与 21 世纪国家建设综合型、研究型大学和国家协同创新中心等战略部署都高度契合，对北京农业机械化学院的发展、农业工程学学科的发展和国家农业机械化事业的发展都产生了重大影响。